IN AANWEZIGHEID VAN SCHOPENHAUER

Boeken van Michel Houellebecq bij
De Arbeiderspers:

# Michel Houellebecq

# *In aanwezigheid van Schopenhauer*

Vertaald uit het Frans en het Duits en
van een voorwoord voorzien
door Martin de Haan

Uitgeverij De Arbeiderspers
Amsterdam · Antwerpen

In de Franse editie zijn de vertalingen van de Schopenhauercitaten grotendeels van Houellebecqs eigen hand. Voor de Nederlandse editie zijn de citaten met inachtneming van de Franse tekst en dankbare gebruikmaking van de bestaande vertalingen van Hans Driessen rechtstreeks uit het Duits vertaald.

Copyright © 2016 Michel Houellebecq en
Flammarion, Parijs
Copyright Nederlandse vertaling © 2018 Martin de
Haan/BV Uitgeverij De Arbeiderspers, Amsterdam
Copyright voorwoord © 2018 Martin de Haan
Oorspronkelijke titel: *En présence de Schopenhauer*
Oorspronkelijke uitgave: Flammarion, Parijs

Omslagontwerp en omslagillustratie:
Studio Ron van Roon
Portret auteur: Philippe Matsas © Flammarion
Zetwerk: Perfect Service

ISBN 978 90 295 2561 9 / NUR 320

www.arbeiderspers.nl
www.houellebecq.nl

# Inhoud

# Voorwoord

## Tegen de wereld, tegen het leven: Houellebecq als schopenhaueriaan

Michel Houellebecq is geen geboren archivaris, in elk geval niet van zijn eigen teksten. Toen ik hem in 2003 bij het samenstellen van de essay-bundel *De koude revolutie* vroeg of hij nog losse teksten had liggen die interessant zouden kunnen zijn voor het boek, stuurde hij me er weliswaar een paar die ik nog niet kende, maar later gebeur-de tot twee keer toe het omgekeerde en vroeg hij mij of ik misschien nog oude teksten van hem had liggen: in 2007-2008 bij de voorbereidingen van *Interventions 2* en in 2015 met het oog op het prestigieuze *Cahier de L'Herne* dat aan hem zou worden gewijd. Of zou het allemaal komen door de ramp vlak voor zijn zevenenveertigste verjaar-dag waarover hij vertelt in *Publieke vijanden*, het brievenboek dat hij heeft geschreven met Ber-nard-Henri Lévy? 'Midden op de ochtend' (van zijn verjaardag), zo meldt hij zijn correspondent, 'was ik klaar met de allerlaatste dingen die ik nog moest doen aan *Mogelijkheid van een eiland*, daar-na heb ik de roman naar de uitgever gestuurd. Een paar dagen eerder had ik allerlei nooit afgemaakte teksten verzameld die her en der op cd-roms en diskettes stonden; ik had ze op de harde schijf van een oude computer gezet en de losse opslagmedia weggegooid; en toen, volkomen per ongeluk, had ik de harde schijf geformatteerd – en daarmee al mijn teksten gewist.'

Hoeveel mensen zouden per ongeluk een harde schijf met belangrijke documenten formatteren? Maar zo kon het dus gebeuren dat ik Houellebecq op 16 mei 2015 in Utrecht een aantal van zijn eigen teksten overhandigde. Een paar korte, twee langere: een voorwoord uit 1991 bij een gedichtenselectie van Remy de Gourmont en een onvoltooide tekst over Schopenhauer. De tekst over Gourmont had hij in 2003 ongeschikt (niet persoonlijk genoeg) bevonden om te worden opgenomen in *De koude revolutie*; die over Schopenhauer heb ik pas na het verschijnen van de Nederlandse essaybundel gedownload van de website met foto's en ongepubliceerde teksten die hijzelf een aantal jaren in de lucht heeft gehouden (tot Apple de ondersteuning van zijn softwarepakket beëindigde). Beide teksten zijn in 2017 door uitgeverij L'Herne gepubliceerd: Gourmont in het *Cahier*, Schopenhauer zelfs als apart boekje – misschien wel gewoon omdat de tekst te lang was om in het *Cahier* te worden opgenomen, maar in elk geval met als resultaat dat het ruim tien jaar oude, onvoltooide essay ineens genoeg aandacht trok om in verschillende talen te worden vertaald en in boekvorm te worden uitgegeven. Nu dus ook in het Nederlands.

Het is lastig om de tekst precies te dateren. 'Aan de plaatsen waar de gebeurtenissen van mijn leven zich hebben afgespeeld heb ik een nutteloos scherpe, fotografische herinnering,' schrijft Houellebecq helemaal aan het begin van zijn voorwoordje, 'maar in de tijd kan ik ze alleen bij benadering situeren door middel van moeizame deducties.' Dat dat laatste inmiddels ook geldt voor de tekst waarin hij het schrijft, bewijst nog maar eens hoe waar het is. Volgens Agathe Novak-Lechevalier, de bezorgster van het Schopenhauerboekje en het *Cahier de L'Herne*, moet Houellebecq de tekst hebben geschreven kort na de voltooiing van de roman *Mogelijkheid van een eiland* in 2005 – informatie die ze van de schrijver zelf heeft en die hij mij per mail ook heeft bevestigd. Alleen dateert het pdf-document dat ik ooit van zijn eigen website heb geplukt van 5 september 2004, ruim vóór de verjaardag (2 februari 2005) waarop hij naar eigen zeggen het manuscript van zijn roman inleverde bij de uitgever. Sterker nog, toen ik hem in november 2002 (lang voordat hij aan de roman begon) bezocht in zijn appartementje aan de Costa de Almería voor het interview dat later in *De koude revolutie* is opgenomen, lag Schopenhauer daar op tafel en vertelde Houellebecq me dat hij op verzoek van een Duitse uitgeverij aan een commentaar op de filosoof werkte. Het uitgeschreven interview besluit er zelfs mee: 'Wat ik op dit moment doe ligt eerder op het gebied van het essay: ik werk aan een commentaar op Schopenhauer. Er komen geen personages in voor.'

Heel belangrijk zou dat allemaal niet zijn, ware het niet dat *Mogelijkheid van een eiland* opvallend veel expliciete verwijzingen naar Schopenhauer bevat: zes stuks, waarvan vier letterlijke citaten. Alleen in het levensbeschouwelijke brievenboek *Publieke vijanden* noemt Houellebecq de Duitse filosoof vaker: vier keer met een citaat, één keer met een langere bespiegeling over de schopenhaueriaanse compassie en daarnaast nog eens vier keer terloops. Ook in andere boeken valt de naam Schopenhauer, maar minder vaak: één keer in *H.P. Lovecraft*, één keer in *Platform*, één keer in de dichtbundel *La Poursuite du bonheur* en een aantal keren in de gebundelde essays en interviews van *De koude revolutie* (waaronder een belangrijke les van de filosoof die de romancier zich eigen heeft gemaakt: 'De eerste, in zijn eentje zelfs vrijwel toereikende regel van een goede stijl is dat je iets te zeggen moet hebben'). Zuiver op grond van het aantal vermeldingen lijkt de stelling dus gerechtvaardigd dat *Mogelijkheid van een eiland* de roman is waarin Houellebecq het dichtst tegen Schopenhauer aanschurkt, na vlak ervoor te hebben gewerkt aan een commentaar op diens werk. De roman kan dan worden gelezen als een onderzoek naar de mogelijkheid en wenselijkheid van de quasiboeddhistische ascese die de filosoof voorstaat, met als conclusie dat die ascese wel wenselijk, maar niet mogelijk is: de cynische komiek Daniel laat zien waarom we afstand moeten nemen van het menselijke, zijn gekloonde nazaat Daniel25 laat zien hoe het menselijke (de liefde!) toch weer de kop opsteekt.

Die lezing van *Mogelijkheid van een eiland* is zeker niet onjuist, alleen gaat de aanwezigheid van Schopenhauer in Houellebecqs werk natuurlijk veel verder dan het noemen van zijn naam. Neem het angstaanjagende 'Tat twam asi' waarmee de ooievaar het doodvonnis van de chimpansee uitspreekt in de derde dierverteling van *De wereld als markt en strijd*: dat is geen fantasietaal, zoals ik tijdens het vertalen aanvankelijk dacht, maar een Sanskriet formule (letterlijk: 'Dat ben jij') uit de *Chandogya Upanishad*, die Schopenhauer de mens aanraadt als hulpmiddel om de illusie van de individualiteit door te prikken: 'Wie dit met helder inzicht en met een onwrikbare innerlijke overtuiging bij zichzelf kan uitspreken, telkens wanneer hij met een ander wezen in aanraking komt, is verzekerd van alle deugd en zaligheid en rechtstreeks op weg naar de verlossing.' Ook de ondertitel van Houellebecqs eerste boek, *H.P. Lovecraft – Tegen de wereld, tegen het leven*, is een nauwelijks verkapte toespeling op het werk van de brompotfilosoof, en in het fundamentele vroege essay 'Kunst in tijden van ontreddering' (opgenomen in *De koude revolutie*) draagt een van de paragrafen de veelzeggende (anti-)schopenhaueriaanse titel 'De wereld als supermarkt en spot' – waaraan ik zelf met Houellebecqs instemming weer de titel *De wereld als markt en strijd* heb ontleend voor de vertaling van *Extension du domaine de la lutte*.

In interviews heeft Houellebecq al vaak aangegeven hoe belangrijk de ontdekking van Schopenhauer voor hem is geweest. Of we dat 'invloed' of 'zielsverwantschap' moeten noemen, doet er uiteindelijk niet zo heel veel toe; het eerste is niet eens mogelijk zonder het tweede. Duidelijk is wel dat de jonge Houellebecq niet heeft geaarzeld om Schopenhauers filosofische driespan voor zijn eigen literaire karretje te spannen. In de eerste plaats: het lijden. 'De wereld is een zich ontplooiend lijden,' heet het in *Leven, lijden, schrijven*, Houellebecqs methode voor de beginnende dichter uit 1991, en geen enkel ander thema is waarschijnlijk zo dominant aanwezig in zijn werk. Bij Schopenhauer is het lijden, dat niet alleen de mens, maar al het zijnde kenmerkt, een rechtstreeks gevolg van het feit dat de wereld in essentie *wil* is. Alle dingen uit de levende en dode natuur, van het grootste sterrenstelsel tot de kleinste bacterie, streven permanent naar hun ideale toestand, dat wil zeggen naar het overwinnen van de obstakels die hen daarvan afhouden:

ze worden gedreven door gemis – ze lijden. Maar die universele 'wil tot leven' kan het lijden nooit helemaal wegnemen. Neem de mens, het wezen waarbij het zich het hevigst manifesteert: 'De onophoudelijke inspanningen om het leed uit te bannen hebben geen ander resultaat dan dat het van gedaante verandert. Van oorsprong is die gedaante gebrek, nood, zorg om de instandhouding van het leven. Is het ons eenmaal gelukt – wat overigens nog lang niet meevalt – het leed, zoals het zich in deze gedaante voordoet, te verdringen, dan verschijnt het meteen weer in duizend andere gedaanten ten tonele.'

Ook voor Houellebecq zijn leven en lijden synoniem. Rest de *expressie* van de pijn. Nog altijd in *Leven, lijden, schrijven* zegt hij: 'Vanaf een bepaald bewustzijnsniveau verschijnt de schreeuw. De poëzie komt daaruit voort. De gearticuleerde taal eveneens.' Poëzie en lijden zijn wezenseen, en om goede poëzie te schrijven hoeft de dichter dan ook niets anders te doen dan het lijden te cultiveren: 'Bij de wonden die het ons toebrengt, gaat het leven afwisselend hardhandig en arglistig te werk. Ken beide vormen. Beoefen ze. Zorg dat ze geen geheimen meer voor u hebben. Zie waarin ze verschillen en waarin ze overeenkomen. Veel tegenstrijdigheden worden daarmee opgelost. Uw stem zal aan kracht winnen, en aan reikwijdte.' Waarbij de dichter overigens wel goed moet uitkijken: 'Als u er niet in slaagt uw lijden te articuleren in een duidelijke structuur, dan bent u de lul. Het lijden vreet u dan op met huid en haar, van binnenuit, voordat u de tijd hebt gehad om ook maar iets te schrijven.' Vandaar ook de Franse titel van het boekje, *Rester vivant* ('Blijven leven'): 'Een dode dichter schrijft niet meer. Het is dus belangrijk dat u blijft leven.' Let wel: de dichter moet blijven leven om te kunnen schrijven, niet schrijven om te kunnen blijven leven.

Houellebecq heeft zijn eigen 'methode' uit 1991 opmerkelijk nauwgezet nagevolgd. Zelfs een paar van de concrete voorbeelden van menselijk lijden die hij in *Leven, lijden, schrijven* geeft, gebruikt hij later opnieuw. Bijvoorbeeld: 'Henri is één jaar. Hij ligt met vuile luiers op de grond; hij krijst. Zijn moeder loopt met klakkende hakken heen en weer door de betegelde ruimte, op zoek naar haar bh en haar jurk. Ze is bang te laat te komen voor haar afspraakje van die avond. Ze wordt gek van dat kleine ding vol stront dat daar op de tegels tekeergaat. Ook zij begint te schreeuwen. Henri's gekrijs verdubbelt. Dan vertrekt ze.' In *Elementaire deeltjes* wordt dat zeven jaar later: 'In de slaapkamer op de bovenverdieping hing een ondraaglijke stank; de zon, die door het grote raam naar binnen viel, zette de zwart-witte tegels in een fel licht. [Michel] kroop onhandig over de vloer, af en toe uitglijdend in een plas urine of uitwerpselen. Hij knipperde met zijn ogen en kermde zonder ophouden.' En wat te denken van deze archetypische discotheekscène? 'Michel is vijftien jaar. Geen meisje heeft hem ooit gekust. Hij zou willen dansen met Sylvie; maar Sylvie danst met Patrice en heeft daar duidelijk plezier in. Hij staat als verlamd; de muziek dringt door tot in zijn merg. Het is een prachtige slow, onwerkelijk mooi. Hij wist niet dat je zo kon lijden.' Vrijwel dezelfde scène speelt zich in *Elementaire deeltjes* af tussen Michel en Annabelle, met David di Meola als spelbreker; terug in zijn tent, als het begint te regenen, beseft Michel dat zijn leven voorgoed is veranderd: 'De druppels kwamen met een dof getik op het tentdoek neer, op enkele centimeters van zijn gezicht, maar hij bevond zich buiten hun bereik. Plotseling had hij het voorgevoel dat zijn hele leven zou lijken op dat moment. Hij zou door menselijke emoties gaan, soms zouden ze heel dichtbij zijn; anderen zouden geluk kennen, of wanhoop; niets van dat alles zou hem ooit werkelijk kunnen raken of kwetsen. [...] Hij voelde zich van de wereld gescheiden door een paar centimeter leegte, die als het ware een schild of een pantser om hem heen vormden.'

Is er dan toch een manier om aan het lijden te ontsnappen? Ja, zegt Schopenhauer met enige aarzeling: door het universele willen een halt toe te roepen. Dat is natuurlijk makkelijker gezegd dan gedaan, want het willen is niet voor niets universeel, maar er zijn een aantal praktische mogelijkheden die we kunnen benutten. Ten eerste: zorgen dat we ons niet voortplanten, zodat we ons niet medeplichtig maken aan de eeuwige kringloop van het lijden. Ten tweede: onszelf herkennen in alle dingen om ons heen (dode en levende natuur), die immers net als wij onderworpen zijn aan de wet van het willen en dus net als wij gevangenzitten in het zich ontplooiend lijden dat de wereld is. *Tat twam asi*, dat ben jij: de bacterie, de steen, het zwarte gat, de appel die van de boom valt, de worm in de appel, allemaal zitten ze in hetzelfde ontologische schuitje en zijn ze onze compassie waard; onze vermeend unieke individualiteit, de basis van al ons streven en lijden, is een illusie. Diezelfde individualiteit kunnen we bovendien (ten derde) ook overstijgen door ons te verliezen in de belangeloze aanschouwing van alles wat zich aan ons voordoet: het zuivere, willoze kennen dat de grondhouding van de kunstenaar is.

In de boeken van Michel Houellebecq schijnen die drie punten duidelijk door. Dat behalve Bruno uit *Elementaire deeltjes* geen van zijn mannelijke hoofdpersonen zich heeft voortgeplant, is nog niet zo heel opmerkelijk: zoals Milan Kundera ergens constateert, zijn romanpersonages veel vaker kinderloos dan echte mensen. Opvallender is de nadruk die Houellebecq regelmatig legt op de nietigheid van het individu, die nota bene lijnrecht in tegenspraak lijkt met een van de basisprincipes van het romangenre, namelijk dat de conflicterende belangen van een aantal netjes afgebakende personages garant staan voor de voortgang van de handeling. In zijn debuutroman uit 1994, *De wereld als markt en strijd*, trekt Houellebecq (bij monde van zijn ik-persoon) dat principe expliciet in twijfel: 'Die opeenstapeling van realistische details, bedoeld om personages met een zogenaamde unieke identiteit neer te zetten, heb ik altijd – het spijt me dat ik het moet zeggen – enorme flauwekul gevonden. Daniël die bevriend is met Hervé, maar zo zijn bedenkingen heeft ten aanzien van Gérard. Virginie die de fantasieën van Paul belichaamt, de reis naar Venetië van mijn nicht... je zou er urenlang mee zoet kunnen zijn. Dan kun je net zo goed kreeften gaan zitten observeren die in een glazen bak over elkaar heen lopen (daarvoor hoef je alleen maar naar een visrestaurant te gaan).'

Het heeft Houellebecq er niet van weerhouden zelf romans te schrijven met netjes realistisch afgebakende personages. In een interview met Jean-Yves Jouannais en Christophe Duchatelet uit 1995 (opgenomen in *De koude revolutie*) zegt hij daarover: 'Ik ben toch wel een beetje verbaasd als ik te horen krijg dat ik geslaagde psychologische portretten van individuen, van personages neerzet: misschien is dat wel waar, maar aan de andere kant heb ik vaak het gevoel dat individuen min of meer identiek zijn, dat wat ze hun persoonlijkheid noemen niet echt bestaat, en dat het in zekere zin gemakkelijker zou zijn om een historische ontwikkeling af te bakenen.' Het is een terugkerend motief in zijn romans. Van Bruno in *Elementaire deeltjes* ('Ik hoop van harte dat het ik een illusie is; wat niet wegneemt dat het een illusie is die pijn doet...') tot Jed Martin in *De kaart en het gebied* ('binnen een sociale soort is individualiteit niet veel meer dan een korte fictie') en de verteller in *Onderworpen* ('Op zondagochtend was er nooit veel verkeer op de snelweg, het is het moment waarop de samenleving ademt, haar luchtwegen vrijmaakt, het moment waarop haar leden de korte illusie van een individueel bestaan koesteren'), steeds laat Houellebecq zijn hoofdpersonen en vertellers in een schopenhaueriaans moment van inzicht beseffen hoe onzinnig het is om onszelf als unieke individuen te beschouwen. Het DNA van de mens is trouwens voor 97 procent gelijk aan dat van de muis en voor 50 procent aan dat van de banaan, dus waar hebben we het over?

En niet alleen het individu, ook de vrijheid die we als individu menen te hebben is een illusie. Niet wij willen, maar de Wil wil dat we willen: de nieuwe iPhone, een ongerept tropisch strand, de leukste kat of hond, wilde seks en een fantástische baan met eindeloze groeikansen. Hetzelfde als iedereen dus. Het feit dat Houellebecqs personages, met name (maar niet uitsluitend) de mannelijke hoofdpersonen, bij sommige lezers grote weerstand opwekken, komt waarschijnlijk niet zozeer door hun vermeende hufterigheid of vrouwonvriendelijkheid als wel door de gedweeheid waarmee ze meelopen in de menselijke kudde. Niet de opstandige eenling is onaanvaardbaar, maar de mens die gewoon meedoet met de rest. Als Bedřich Hubčejak in *Elementaire deeltjes* op grond van het werk van de moleculair bioloog Michel Djerzinski voorstelt de mensheid te vervangen door een onsterfelijke nieuwe soort waarbij de goedheid (lees: het gebrek aan onderscheidingsdrang) genetisch is voorgeprogrammeerd, staan we op onze achterste benen: we willen de *menselijke waardigheid* (lees: de pijn van het bestaan als individu) niet kwijt. 'Wetenschap en kunst bestaan nog altijd in onze samenleving,' zegt het toekomstwezen in de epiloog, 'maar het streven naar het Ware en het Schone heeft wel een minder urgent karakter gekregen nu het niet meer zo sterk door de prikkel van de individuele ijdelheid wordt gedreven.'

Juist in een tijd van liberalisme en individualisme betekent meelopen met de kudde, zoals een aantal van Houellebecqs hoofdpersonen doet, paradoxaal genoeg dat je meegaat in de fictie van het unieke, vrije (consumerende) individu en je daarnaar gedraagt. Toch zijn er ook personages die zich aan dat kuddegedrag onttrekken, niet omdat ze zich willen onderscheiden of in opstand willen komen, maar omdat ze geen contact kunnen krijgen met de wereld om hen heen. Jed Martin in *De kaart en het gebied* is zo iemand. Zijn afstandelijke, haast autistische grondhouding lijkt veel op Schopenhauers derde manier om aan het lijden te ontsnappen: belangeloze esthetische aanschouwing die tot een zuiver, willoos kennen leidt. Niet voor niets is Jed Martin een kunstenaar, iemand die afstand neemt van de wereld om er meer van te kunnen begrijpen: 'Ik wil verslag doen van de wereld... Ik wil domweg *verslag doen van de wereld*...' Dat belangeloze 'verslag van de wereld' neemt uiteindelijk de vorm aan van korte videosequenties waarin hij Playmobilpoppetjes en foto's van de mensen die hij heeft gekend, laat verweren en vergaan als 'symbool van de algehele vernietiging van de menselijke soort': 'Ze zinken weg, lijken nog even tegen te stribbelen, en worden dan gesmoord door de over elkaar schuivende plantenlagen. Daarna komt alles tot rust, er is alleen nog gras dat wuift in de wind. De triomf van de vegetatie is volledig.'

Ook in andere romans vinden we hoofdpersonen die op een afstand van de wereld leven. Wat in *De wereld als markt en strijd* nog kan worden gelezen als een tijdelijke depressie van de hoofdpersoon (die in het slothoofdstuk concludeert dat de 'sublieme eenwording' met de buitenwereld niet zal plaatsvinden), verandert in *Elementaire deeltjes* met Michel Djerzinski in een existentieel basispatroon. Leven op kleine of grote afstand van de wereld is een vorm van gewilde of spontane ascese. Niet toevallig komen er in Houellebecqs boeken regelmatig boeddhistische verwijzingen voor, en ook daarbij is de vraag of Schopenhauer – volgens Nietzsche verantwoordelijk voor de opkomst van een 'nieuw boeddhisme', het 'griezeligste symptoom van onze griezelig geworden Europese cultuur' – niet de grote inspiratiebron is geweest.

Het verst in die quasiboeddhistische benadering gaat Houellebecq in de roman die ook de meeste expliciete verwijzingen naar Schopenhauer bevat, *Mogelijkheid van een eiland*. Werd de individualistische onderscheidingsdrang in *Elementaire deeltjes* nog met technische middelen onklaar gemaakt door de creatie van een nieuwe intelligente soort, in *Mogelijkheid van een eiland* is de 'oplossing' veel prozaïscher: de gekloonde mensen die de soort na een allesverwoestende kernoorlog in stand moeten houden, zijn allemaal in volstrekte eenzaamheid (met een gekloonde hond als metgezel) opgesloten in speciale compounds verspreid over de aardbol. Ze hebben alleen via een elektronisch communicatiesysteem contact en zijn dus afgesloten van de wereld van de begeerte: er rest hun nauwelijks meer iets om te willen. Opmerkelijk genoeg laat Houellebecq die vanuit schopenhaueriaans oogpunt ideale situatie geleidelijk afkalven door een van de klonen, Daniel25, nieuwsgierig te laten worden naar de buitenwereld en vooral naar een vrouwelijke lotgenoot. Uiteindelijk verlaat hij zijn compound om de wereld in te trekken, al betekent dat een lijdensweg die eindigt met zijn dood. Is er dan toch een eiland in de tijd mogelijk, zoals het gedicht stelt waaraan de titel van de roman is ontleend?

Toch overheerst in Houellebecqs oeuvre de nadruk op het illusoire karakter van het individu. De krachtigste verwoording van die illusie is waarschijnlijk te vinden in *Elementaire deeltjes*, in Michel Djerzinki's *Beschouwing over de verstrengeling*. Het is een van de mooiste passages die Houellebecq ooit heeft geschreven, en een duidelijke ontkrachting van zijn vermeende 'nihilisme':

De vormen van de natuur zijn menselijke vormen. Driehoeken, verstrengelingen en vertakkingen zijn vormen die in onze hersenen verschijnen. We herkennen ze, we waarderen ze; we zijn erdoor omringd. Omringd door onze maaksels, menselijke maaksels, die aan de mens kunnen worden overgedragen, ontplooien we ons en sterven we. Omringd door de ruimte, de menselijke ruimte, verrichten we metingen; met die metingen maken we de ruimte, de ruimte tussen onze instrumenten.

De onwetende wordt beangstigd door het idee van de ruimte; hij stelt zich die voor als een onmetelijk, duister, gapend gat. Hij stelt zich de mensen voor in de elementaire vorm van een bol, helemaal alleen in de ruimte, ineengedoken in de ruimte, overweldigd door de eeuwige aanwezigheid van de drie dimensies. Beangstigd door het idee van de ruimte duiken de mensen ineen; ze hebben het koud, ze zijn bang. In het beste geval begeven ze zich door de ruimte en groeten elkaar bedroefd te midden van de ruimte. En toch bevindt die ruimte zich in henzelf, het is niets anders dan hun eigen mentale maaksel.

In die ruimte waarvoor ze zo bang zijn, leren de mensen leven en sterven; te midden van hun mentale ruimte ontstaan het isolement, de verwijdering en het lijden. Dit behoeft nauwelijks commentaar: de minnaar hoort de roep van zijn geliefde over oceanen en bergen, over bergen en oceanen hoort de moeder de roep van haar kind. De liefde bindt, en bindt voor eeuwig. De naleving van het goede is een binding, de naleving van het kwade een ontbinding. Het isolement is een andere naam voor het kwaad; het is ook een andere naam voor de leugen. Want er bestaat alleen een prachtige, grenzeloze, wederzijdse verstrengeling.

Wat vooral opvalt aan deze passage is dat het idee van de ruimte die ons van elkaar scheidt inderdaad niet meer is dan dat: een idee, een *voorstelling*. Ook op dat punt sluit Houellebecq dus naadloos aan bij Schopenhauer, die in de allereerste zin van zijn magnum opus immers verkondigt: 'De wereld is mijn voorstelling.' Houellebecq mag dan romans boordevol 'realistische' details schrijven en daarmee de indruk wekken dat hij uit is op een objectieve beschrijving van de wereld waarin we leven, hijzelf beseft heel goed dat elke beschrijving niet anders dan subjectief kan zijn. Zoals hij stelt in het lange interview dat ik in november 2002 met hem had, opgenomen in *De koude revolutie*: 'Mijn materiaal is niet echt de wereld. Daar kun je niet over praten. De wereld, dat is ook het totaal van alles wat over de wereld is geschreven.' Over het Ding an sich valt niet alleen niets te zeggen, we kunnen zelfs niet zeggen dat het bestaat – of beter, het zeggen (de voorstelling) ís het bestaan.

Houellebecq geeft in zijn tekst zelf al aan dat hij door de ontdekking van een andere filosoof, de positivist Auguste Comte, 'schopenhaueriaan af' is geworden. Over de redenen van die omslag laat hij zich nauwelijks uit, maar in een recent interview met *Le Point* vat hij ze samen: '[Door Auguste Comte] geloof ik in het fundamentele belang van de samenleving en de geschiedenis. Schopenhauer gelooft absoluut niet in de geschiedenis, hij gelooft absoluut niet dat de aard van de mens en van de menselijke samenleving zou kunnen veranderen.' Precies hetzelfde argument geeft hij in het belangrijke vroege essay dat onder de naam 'Kunst in tijden van ontreddering' is opgenomen in *De koude revolutie*: 'Arthur Schopenhauer geloofde niet in de geschiedenis. Hij is dus gestorven in de overtuiging dat de onthulling die hij deed over de wereld [...] generatie op generatie zou blijven standhouden. We kunnen hem tegenwoordig gedeeltelijk ongelijk geven. In de grondslag van onze levens kunnen de begrippen die hij heeft ontworpen nog altijd worden herkend, maar ze zijn dusdanig veranderd dat je je kunt afvragen in hoeverre ze nog geldig zijn.'

De wil? Die is verslapt: 'De supermarktlogica heeft noodzakelijkerwijs een verstrooiing van de verlangens tot gevolg – de supermarktmens kan organisch gezien geen mens van één wil, één begeerte zijn. [...] Niet dat het individu minder begeert, integendeel, het begeert juist meer en meer; maar zijn begeerten hebben iets schreeuwerigs en dreinerigs gekregen: het zijn dan wel geen drogbeelden, maar ze zijn toch voor een groot deel het product van bepalende externe factoren – die ik hier *publicitair* wil noemen, in de ruime zin des woords. Niets in die begeerten doet nog denken aan de organische, totale kracht, onvermoeibaar op zijn vervulling gericht, die het woord "wil" oproept.'

De voorstelling? Die heeft elke onschuld verloren: 'Als *onschuldig* kan een voorstelling worden aangemerkt die zich niet anders wil voordoen dan als voorstelling, die niets anders wil zijn dan een beeld van een *buiten*wereld (hetzij werkelijk, hetzij denkbeeldig, maar in ieder geval een buitenwereld), met andere woorden, die geen kritisch commentaar op zichzelf bevat. De massale intrede van allusies, spot, ironiserende *subteksten* en humor binnen de voorstellingen heeft de beoefening van kunst en filosofie razendsnel ondermijnd en in een alomvattende, ongedifferentieerde retoriek veranderd.'

'De geschiedenis bestaat,' laat Houellebecq het toekomstwezen in de epiloog van *Elementaire deeltjes* zeggen, 'ze doet zich gelden, overheerst, haar almacht is onontkoombaar.' Het is een tamelijk raadselachtige uitspraak voor wie niet op de hoogte is van het intellectuele parcours dat de auteur van de roman heeft afgelegd, want niemand heeft toch beweerd dat de geschiedenis niet bestond? Toch wel: Arthur Schopenhauer. En tegen zijn vroegere idool schrijft de razend ambitieuze jonge romancier de geschiedenis van onze tijd, ingebed in het model dat zijn nieuwe idool hem heeft aangereikt met zijn beroemde 'wet van de drie stadia' (respectievelijk het theologische, het metafysische en het positieve stadium van het menselijk denken). De geschiedenis bestaat en doet zich vooral gelden in de vorm van 'metafysische omwentelingen', zoals Houellebecq de abrupte overgangen tussen twee stadia noemt. Hij beschrijft in *Elementaire deeltjes* hoe de laatste en meest radicale daarvan, die volgens de roman in onze tijd plaatsvindt, 'de gemeenschapszin en het gevoel voor het duurzame en het heilige in ere [zal] herstellen'. En ook daarin zien we de invloed van Comte, de positivistische filosoof die aan het eind van zijn leven de Religie der Mensheid ontwierp en zichzelf maar meteen tot hogepriester kroonde.

Toch heeft Schopenhauer voor Houellebecq niet volledig afgedaan. Niet alleen herleest hij hem met veel meer plezier dan hij Comte herleest, ook de basisintuïtie van het leven als lijden is altijd overeind gebleven. In zekere zin vertegenwoordigt Comte voor Houellebecq de utopie, de droom van een nieuwe verbondenheid, terwijl Schopenhauer de harde realiteit vertegenwoordigt. Samen vormen ze de bizarre tweetaktmotor die het werk van de romancier gaande houdt, tot nu toe zonder het geringste teken van slijtage.

*Martin de Haan*

In aanwezigheid van Schopenhauer

# Word wakker, vriend, verlaat de kindertijd![1]

Onze levens verlopen in de ruimte, de tijd is maar een bijkomstigheid, een residu. Aan de plaatsen waar de gebeurtenissen van mijn leven zich hebben afgespeeld heb ik een nutteloos scherpe, fotografische herinnering, maar in de tijd kan ik ze alleen bij benadering situeren door middel van moeizame deducties. Toen ik bij de openbare bibliotheek van het zevende Parijse arrondissement (om precies te zijn in het La Tour-Maubourg-filiaal) de *Bespiegelingen over levenswijsheid* leende, kan ik dus zesentwintig zijn geweest, maar evengoed vijf- of zevenentwintig. Hoe dan ook was het tamelijk laat voor zo'n belangrijke ontdekking. Ik kende Baudelaire destijds al, en Dostojevski, Lautréamont, Verlaine, bijna alle romantici; heel veel sciencefiction ook. Ik had de Bijbel gelezen, de *Gedachten* van Pascal, *City* van Clifford Simak, *De toverberg*. Ik schreef gedich-

1. Citaat van Rousseau uit *La Nouvelle Héloïse* (v, 1), dat Schopenhauer als motto bij het eerste boek van *De wereld als wil en voorstelling* gebruikt.

ten; ik had al de indruk dat ik meer herlas dan dat ik echt las; in elk geval meende ik een fase in mijn ontdekking van de literatuur te hebben afgerond. En toen kantelde alles, in een paar minuten tijd.

Na twee weken zoeken wist ik op een plank in de boekhandel van de Presses Universitaires de France aan de boulevard Saint-Michel een exemplaar van *De wereld als wil en voorstelling* te bemachtigen; de Franse vertaling was destijds alleen tweedehands verkrijgbaar (daar heb ik me maandenlang hardop over verbaasd, ik moet mijn verbazing met tientallen mensen hebben gedeeld: dit was Parijs, een van de belangrijkste Europese hoofdsteden, en het belangrijkste boek van de wereld werd niet eens herdrukt...!). In de filosofie was ik zo ongeveer bij Nietzsche blijven steken; bij de vaststelling van een mislukking, om precies te zijn. Ik vond zijn filosofie verwerpelijk en afstotelijk, maar werd geïmponeerd door de intellectuele kracht ervan. Ik zou het nietzsche-anisme graag hebben vernietigd, vergruizeld in zijn fundamenten, maar ik wist niet hoe: intellectueel gezien was ik verslagen. Het behoeft geen betoog dat het lezen van Schopenhauer ook op dat punt alles heeft veranderd. Ik neem het die arme Nietzsche niet eens meer kwalijk; hij had de pech om na Schopenhauer te komen, meer niet – zoals hij ook de pech had om in de muziek het pad van Wagner te kruisen.

Mijn tweede filosofische schok, een jaar of tien

later, was de ontmoeting met Auguste Comte, die me een radicaal tegenovergestelde kant op heeft gestuurd; een groter verschil tussen twee geesten is nauwelijks denkbaar. Had Comte Schopenhauer gekend, dan had hij waarschijnlijk niet meer dan een metafysicus in hem gezien, dat wil zeggen een vertegenwoordiger van het verleden (ongetwijfeld een achtenswaardige, want in de lijn van de 'grootste aller metafysici', namelijk Kant; maar toch nog altijd een vertegenwoordiger van het verleden). Had Schopenhauer Comte gekend, dan had hij diens speculaties waarschijnlijk niet erg serieus genomen. De twee mannen waren overigens tijdgenoten (1788-1860 voor Schopenhauer, 1798-1860 voor Comte); ik neig vaak naar de conclusie dat er op intellectueel vlak sinds 1860 niets meer is gebeurd. Het gaat je op den duur de keel uithangen om midden in een tijdperk van middelmatigen te leven, vooral wanneer je jezelf niet in staat acht het niveau omhoog te halen. Ik zal vast geen enkele nieuwe filosofische gedachte voortbrengen: volgens mij had je die op mijn leeftijd dan al wel moeten zien aankomen;[2] maar ik weet vrijwel zeker dat ik betere romans zou voortbrengen als het denken om me heen wat rijker was.

Schopenhauer of Comte? Ik heb uiteindelijk

2. Houellebecq was halverwege de veertig toen hij dit schreef. [Vert.]

mijn keus gemaakt en ben geleidelijk aan, met een soort ontnuchterd enthousiasme, positivist geworden; en al even geleidelijk aan ben ik dus schopenhaueriaan af geworden. Toch herlees ik Comte niet vaak, en nooit met een simpel, direct genoegen, maar eerder met het lichtelijk perverse (en zeker hevige, als je de smaak te pakken hebt) genoegen dat de stilistische bizarriteiten van geestelijk gestoorden vaak opwekken; terwijl geen enkele filosoof bij mijn weten meteen bij eerste lezing zo aangenaam en opbeurend is als Arthur Schopenhauer. Het gaat niet eens om de 'kunst van het schrijven', dat soort larie; het gaat om de voorafgaande voorwaarden waaraan iedereen zou moeten voldoen alvorens de onbeschaamdheid te hebben om zijn denken onder de aandacht van het publiek te brengen. In zijn derde *Oneigentijdse beschouwing*, geschreven vlak voordat hij hem afzwoer, prijst Nietzsche Schopenhauers grote eerlijkheid, oprechtheid en rechtschapenheid; hij schrijft prachtig over zijn barsige, goedmoedige *toon*, die je subiet doet walgen van de schoonschrijvers en de stilisten. Dat is meer in het algemeen het doel van dit boek: aan de hand van een aantal van mijn favoriete passages wil ik laten zien waarom Schopenhauers intellectuele houding in mijn ogen een voorbeeld blijft voor elke filosoof in spe; en ook waarom je, zelfs als je het aan het eind van de rit met hem oneens blijkt, niet anders dan grote dankbaarheid jegens hem kunt voelen. Waarom, om nogmaals met Nietzsche te spreken, 'het feit dat zo iemand heeft geschreven, werkelijk het plezier om op deze aarde te leven heeft vergroot'.[3]

3. Citaat uit de derde *Oneigentijdse beschouwing*. Uit de context blijkt overigens dat Nietzsche het hier niet over Schopenhauer, maar over Montaigne heeft. [*Vert.*]

# I

## De wereld is mijn voorstelling

'De wereld is mijn voorstelling' – dat is de waarheid die voor elk levend en kennend wezen geldt, hoewel alleen de mens haar in het reflexieve, abstracte bewustzijn kan brengen; als hij dat ook werkelijk doet, is bij hem de filosofische bezinning ingetreden. Het wordt hem dan volstrekt duidelijk dat hij geen zon kent en geen aarde, maar altijd alleen maar een oog dat een zon ziet, een hand die een aarde voelt.[4]

Schopenhauer is vooral beroemd gebleven door zijn krachtige schildering van de tragiek van het willen, een roem die hem helaas in de buurt heeft gebracht van de categorie der romanciers, of erger nog der psychologen, en uit de buurt van de 'echte filosofen'. Toch vind je bij hem iets wat niet bij Thomas Mann te vinden valt, en nog minder bij Freud: een volledig filosofisch systeem, dat antwoord beoogt te geven op alle (metafysische, esthetische, ethische) vragen waarmee de filoso-

4. wwv, i, i, §i.

fie zich sinds haar oorsprong bezighoudt.

'De wereld is mijn voorstelling': een oprechter, eerlijker beginzin is moeilijk te vinden. Van die eerste stelling maakt Schopenhauer het startpunt van de filosofische bezinning; het is duidelijk dat de filosofie bij hem niet de dood als oorsprong heeft. Verderop zal hij erkennen dat het besef van onze sterfelijkheid een krachtige stimulans voor het zoeken naar waarheid is, of in elk geval voor het publiceren van werken die dat doel tentoonspreiden (het is in werkelijkheid een stimulans voor zo ongeveer alles); maar de eerste oorsprong van elke filosofie is het besef van een hiaat, een onzekerheid in onze kennis van de wereld. Schopenhauers filosofie is allereerst een toelichting bij de voorwaarden voor kennis: een epistemologie.

> Wel al object is ons lichaam, dat we vanuit dit standpunt bezien daarom voorstelling noemen. Want het lichaam is een object te midden van objecten, onderworpen aan de wetten die voor objecten gelden, al is het dan een onmiddellijk object. Zoals alle objecten van de aanschouwing is het ingebed in de vormen van al het kennen, namelijk tijd en ruimte, die veelheid tot gevolg hebben.[5]

5. Idem, §2.

Het heeft iets opbeurends om ons eigen lichaam als een onmiddellijk object te zien en iets verwarrends om veelheid, in de praktijk een onuitputtelijke bron van ellende, als een gevolg van de formele voorwaarden voor kennis te beschouwen; vooral als je weet (en die verdienste komt de twintigste eeuw toe) dat genoemde voorwaarden niet de onveranderlijkheid hebben die Kant eraan toedichtte.

> Daarentegen moet zwaarte, al kent die geen uitzonderingen, toch wel tot de kennis a posteriori worden gerekend, hoewel Kant haar in de *Metaphysische Anfangsgründe der Naturwissenschaft* als a priori kenbaar opvoert.[6]

We kennen tegenwoordig deeltjes zonder massa, die zich met andere woorden onttrekken aan de zwaartekracht; we kennen niet-euclidische meetkundes enzovoort. Kortom, de mens is er – niet zonder moeite – in geslaagd de a-priorische voorwaarden voor kennis volgens Kant achter zich te laten: de voorwaarden die volgens hem elke metafysica onmogelijk maakten. Er bestaan voorwaarden, die worden bepaald door ons brein; maar ze zijn ook nog eens variabel. Met als gevolg dat metafysica bij wijze van spreken dubbel onmogelijk is geworden.

6. Idem, §4.

Het verkrijgen van het gezichtsvermogen door kinderen en geopereerde blindgeborenen; het enkelvoudig zien van wat dubbel, met twee ogen, wordt waargenomen; het dubbel zien en dubbel voelen dat optreedt wanneer de gewone toestand van de zintuigen wordt verstoord; het rechtop overkomen van voorwerpen, terwijl het beeld ervan in het oog op zijn kop staat; het toedichten van kleur, iets wat gewoon een inwendige functie, een polaire deling van de oogactiviteit is, aan externe voorwerpen; en ten slotte ook de stereoscoop – dat zijn allemaal stevige, onweerlegbare bewijzen voor het feit dat alle *aanschouwing* niet gewoon zintuiglijk, maar intellectueel is: het is zuiver verstandelijke *kennis van de oorzaak op basis van het gevolg* en veronderstelt derhalve de wet van de causaliteit, waarvan de kennis de eerste en enige mogelijkheidsvoorwaarde voor alle aanschouwing en dus alle ervaring vormt, en niet het omgekeerde, namelijk dat de kennis van de causaliteitswet zou voortkomen uit de ervaring, zoals Humes scepticisme wil, dat hiermee is weerlegd.[7]

Ergens op de wereld heeft een waarnemer de indruk dat er op de afleesschaal van zijn meetinstrument een wijzer uitslaat; hij maakt de gevolgtrekking dat de wijzer op de afleesschaal van zijn meetinstrument is uitgeslagen; bij twijfel raad-

7. Idem, §4.

pleegt hij een andere waarnemer, die de waarneming bevestigt. Elke poging om de wereld in een model te vatten gaat uit van die elementaire, onmiddellijke causaliteit en moet daar uiteindelijk ook weer bij uitkomen. Schopenhauers argument is op dat punt niet veranderd: de notie 'waarneming' impliceert niet alleen tijd en ruimte (een wijzer die uitslaat), maar ook, als onmisbare schakel om het niveau van de inwendige gewaarwording te overstijgen, de idee van causaliteit (ik heb de indruk dat er een wijzer uitslaat, dus er slaat een wijzer uit).

Aan de ene kant wil het realistisch dogmatisme, dat de voorstelling als het gevolg van het object beschouwt, twee dingen splitsen die hoe dan ook één zijn – voorstelling en object – en een oorzaak aannemen die volledig losstaat van de voorstelling, namelijk een object-op-zichzelf, onafhankelijk van het subject, iets wat volstrekt ondenkbaar is; immers, alleen al als object veronderstelt het steeds weer het subject en blijft het daarom steeds slechts de voorstelling van het subject in kwestie. Hier brengt het scepticisme, dat van dezelfde foutieve vooronderstelling uitgaat, tegen in dat we met de voorstelling altijd alleen maar het gevolg te pakken hebben, nooit de oorzaak, en dat we dus nooit het zijn, maar altijd alleen het *werken* van de objecten kennen; dat het eerste misschien wel helemaal geen overeenkomst met het tweede heeft of zelfs geheel ten onrechte wordt aangenomen, aangezien de wet van de causaliteit aan de ervaring is ontleend, waarvan de realiteit weer op diezelfde wet geacht wordt te berusten. – Maar hier verdienen beide standpunten de terechtwijzing, allereerst, dat object en voorstelling één en hetzelfde zijn, en vervolgens dat het zijn van aanschouwelijke objecten nu juist hun werken is, dat juist daarin de werkelijkheid van een ding schuilt en dat de claim op een bestaan van het object buiten de voorstelling van het subject om, en ook op een zijn van het werkelijke ding los van zijn werken, zinloos en tegenstrijdig is; dat derhalve de kennis van de wijze van werken van een aanschouwd object ook dat object zelf volledig omvat voor zover het object is, dat wil zeggen voorstelling, aangezien er verder niets meer aan te kennen overblijft. In die zin is de aanschouwde wereld in ruimte en tijd, die zichzelf als louter causaliteit kenbaar maakt, volkomen reëel en is ze zonder meer wat ze voorgeeft te zijn: ze geeft zich volledig en zonder reserve, als voorstelling, samenhangend volgens de wet van de causaliteit. Dat is haar empirische realiteit. Anderzijds bestaat alle causaliteit alleen in het verstand en voor het verstand; die hele werkelijke, dat wil zeggen werkende, wereld is dus als zodanig altijd al door het verstand bepaald en zonder dat verstand niets. Niet alleen daarom, maar ook al omdat geen enkel object denkbaar is zonder subject zonder dat dit een tegenstrijdigheid ople-

42

vert, moeten we tegenover de dogmaticus die de realiteit van de buitenwereld uitlegt als haar onafhankelijkheid van het subject, zo'n realiteit zonder meer afwijzen. De hele wereld der objecten is en blijft voorstelling, en juist daarom volledig en in alle eeuwigheid door het subject bepaald; dat wil zeggen, ze bezit <u>transcendentale idealiteit</u>.[8]

In zijn *Tractatus* zegt de eerste Wittgenstein niets anders: '<u>De wereld is alles wat het geval is</u>.' In die fase van zijn oeuvre (hij is nog geen dertig) heeft Schopenhauer, na toch al twee boeken (*Über die vierfache Wurzel des Satzes vom zureichenden Grunde* en *Über das Sehn und die Farben*) te hebben geschreven, een volkomen duidelijke positie bereikt: hij heeft Kants criticisme geassimileerd en geeft daarop een visie die zowel eerlijker als exacter is; de eerste bladzijden van *De wereld als wil en voorstelling* zijn niet meer dan een bijzonder heldere synthese van zijn eerste werken.

Wittgenstein besluit zijn traktaat met de sobere stelling: '<u>Waarover je niet spreken kunt, daarover moet je zwijgen</u>.' Schopenhauer, daarentegen, zet op dat punt de tweede fase van zijn carrière in, die hem blijvende roem zal opleveren: hij gaat spreken over datgene *waarover je niet spreken kunt*, hij gaat spreken over <u>liefde</u>, <u>dood</u>, <u>medelijden</u>, tragiek en <u>pijn</u>; hij gaat proberen het

8. Idem, §5.

gesproken woord het bereik van de zang in te trekken. Onverschrokken waagt hij zich, tot nu toe als enige filosoof, op het terrein van romanciers, musici en beeldhouwers (die hem er eeuwig dankbaar voor zullen zijn en het altijd bemoedigend zullen vinden om een dermate serene, lucide metgezel aan hun zijde te hebben). Hij doet het niet zonder te beven, want de wereld van de menselijke passies is een weerzinwekkende, vaak wrede wereld, waar ziekte, moord en zelfmoord rondwaren; maar hij dóét het, en legt daarmee een onbekend gebied voor de filosofie open: hij wordt de *filosoof van de wil*. En zijn eerste besluit, op het moment dat hij dat nieuwe terrein betreedt, zal zijn om een beroep te doen op de voor een filosoof heel ongewone benadering van de *esthetische aanschouwing*.

# 2

# Neem de dingen aandachtig in ogenschouw

Als we, geholpen door de kracht van de geest, de alledaagse manier om de dingen te beschouwen laten varen en ophouden alleen hun onderlinge relaties – waarvan het einddoel altijd de relatie tot de eigen wil is – te onderzoeken aan de hand van de wet van de toereikende grond in al haar verschijningsvormen, en we dus niet meer het 'waar', het 'wanneer', het 'waarom' en het 'waartoe' van de dingen beschouwen, maar enkel en alleen het 'wat'; als we bovendien weten te voorkomen dat het abstracte denken en de begrippen van de rede het bewustzijn in beslag nemen, maar in plaats daarvan heel onze geestkracht aan de aanschouwing wijden, daar helemaal in opgaan en ons hele bewustzijn laten vullen door de rustige contemplatie van het toevallig aanwezige natuurlijke object, of het nu een landschap, een boom, een rots, een gebouw of wat dan ook is; wanneer we ons, om een veelzeggende uitdrukking te gebruiken, helemaal in dat voorwerp *verliezen*, dat wil zeggen onze individualiteit, onze wil vergeten en alleen nog bestaan als zuiver subject, als heldere spiegel van het object, zodat het lijkt alsof alleen het voorwerp er is, zonder iemand die het waarneemt, en we dus de aanschouwer niet meer van de aanschouwing kunnen scheiden, aangezien beide één zijn geworden doordat het hele bewustzijn door één enkel aanschouwelijk beeld volledig gevuld en in beslag genomen is; als het object zich dus op die manier uit elke relatie tot iets anders en het subject zich uit elke relatie tot de wil heeft losgemaakt, dan is datgene wat op die manier wordt gekend niet meer het afzonderlijke ding als zodanig, maar de *Idee*, de eeuwige vorm, de onmiddellijke objectiteit van de wil op dit niveau; en juist daardoor is de in die aanschouwing betrokkene ook geen individu meer, want het individu heeft zich juist in de aanschouwing verloren: hij is nu een zuiver, willoos, pijnloos, tijdloos subject van het kennen.[9]

Deze beschrijving van de heldere aanschouwing – die aan de oorsprong van alle kunst ligt – is zelf zo helder dat je het radicaal vernieuwende karakter ervan gemakkelijk zou vergeten. Vóór Schopenhauer werd de kunstenaar vooral gezien als iemand die dingen *vervaardigde* – moeilijk te vervaardigen dingen, dat wel, en van een speciale categorie: concerten, beelden, toneelstukken, maar het bleef toch een vorm van *vervaardiging*. Dat standpunt is natuurlijk legitiem – en Scho-

9. WWV, I, 3, §34.

penhauer is wel de laatste om de moeilijkheden bij het bedenken en uitvoeren van een werk te miskennen; men probeert tegenwoordig soms naar dat model terug te keren om de zaak te minimaliseren, de angel er een beetje uit te halen: romanciers die als *storytellers* worden beschouwd, hedendaagse kunstenaars die het over hun *arbeid* hebben. Maar het aanvangspunt, het punt waaraan elke vorm van schepping ontspringt, is eigenlijk van heel andere aard; het schuilt in een aangeboren – en om diezelfde reden niet aan te leren – neiging tot passieve, je zou haast zeggen afgestompte aanschouwing van de wereld. Een kunstenaar is altijd iemand die evengoed ook niets zou kunnen doen, die zich gewoon zou kunnen onderdompelen in de wereld en daar vaag wat bij zou kunnen mijmeren. Dat alles heeft tegenwoordig, nu kunst toegankelijk is geworden voor de grote massa en aanzienlijke geldstromen genereert, bijzonder komische gevolgen. Zo zal een ambitieus, actief en sociabel individu dat de ambitie heeft om *carrière te maken* in de kunst, daar over het algemeen nooit in slagen; de erepalm valt toe aan haast amorfe minkukels die van meet af aan tot de status van *loser* voorbestemd leken. En zo zal elke uitgever (of producent, of galeriehouder, of wat voor onmisbare tussenpersoon dan ook) die ook maar een vaag besef van het bovenstaande heeft en die zich aan een kunstenaar heeft gebonden, altijd met

47

iets van ongerustheid aan hem denken. Hoe kun je ervoor zorgen dat die kunstenaar blijft produceren? Natuurlijk is hij gevoelig voor geld, roem en vrouwen: dat geeft je grip op hem. Maar wat aan de oorsprong van zijn kunst ligt, die kunst mogelijk maakt en voor het succes ervan zorgt is van een heel andere aard. Nietzsche, wiens hele filosofie door die ene waarheid wordt ontkracht, werd daar zo door gehinderd dat hij er de grootst mogelijke onwaarheden tegen in stelling probeerde te brengen: de voornaamste drijfveer van een dichter, beweert hij, is altijd het verlangen geweest om de erepalm voor de beste dichter te bemachtigen. Bullshit. Geen enkele dichter die die naam verdient heeft ooit nee gezegd tegen een eervolle beloning, een hitsige bewonderaarster of de som geld waarmee een grote oplage gepaard gaat; maar geen enkele dichter is ooit ook zo zot geweest om te denken dat de kracht van zijn verlangens enig verband zou kunnen houden met de kracht van zijn werk: daarmee zou je het wezenlijke en het bijkomstige door elkaar halen. Het bijkomstige is dat een dichter ook maar een mens is (en als hij echt volstrekt origineel was, zou zijn kunst weinig waarde hebben); het wezenlijke is dat hij als enige onder de volwassenen nog de onbedorven opmerkingsgave bezit die je doorgaans alleen bij kinderen, bij waanzinnigen of in dromen aantreft.

De gewone mens, de fabriekswaar die de natuur dagelijks bij duizenden produceert, is zoals gezegd niet in staat tot de in alle opzichten onbaatzuchtige beschouwing die de eigenlijke contemplatie is, in elk geval niet voor langere tijd: hij kan zijn aandacht alleen op de dingen richten voor zover ze een of andere, al is het maar zeer indirecte, relatie tot zijn wil hebben. Omdat in dat perspectief, dat nooit iets anders dan kennis van betrekkingen vergt, het abstracte begrip van het ding toereikend en meestal zelfs geschikter is, houdt de gewone mens de zuivere aanschouwing algauw voor gezien en laat hij zijn blik dus niet lang op een voorwerp rusten, maar zoekt bij alles wat zich aan hem voordoet alleen snel het begrip waaronder het moet worden gerangschikt, zoals de luilak een stoel zoekt, en daarna interesseert het hem niet meer.[10]

Deze passage verklaart terloops waarom voortreffelijke kunstkritiek even zeldzaam is als voortreffelijke kunst – en waarom ze in wezen van dezelfde orde is. Een kunstwerk is in Schopenhauers opvatting een soort voortbrengsel van de natuur, het moet dezelfde naïviteit en eenvoud van ontwerp bezitten; de criticus moet het aanschouwen met dezelfde contemplatieve, argeloze aandacht die de kunstenaar aan de voortbrengselen van de natuur besteedt; als aan die voorwaarde wordt vol-

10. Idem, §36.

daan, zal zijn kritiek zelf een kunstwerk zijn (je ziet trouwens dat bestaande kunstwerken altijd zonder enig probleem in een nieuw werk kunnen worden gebruikt, dat ze daar even eenvoudig in kunnen worden opgenomen als rechtstreeks aan het leven ontleende observaties: tussen die twee bestaat geen enkele discontinuïteit, geen enkele breuk). Als de criticus daarentegen op zoek gaat naar het concept waaraan hij het werk kan ophangen, als hij het probeert te *situeren*, te plaatsen met behulp van vergelijkingen, opposities of verwijzingen, als hij het beschouwt (om in schopenhaueriaanse termen te spreken) vanuit het oogpunt van de relatie, dan zal hij de ware kern ervan missen.

Laten we ons verplaatsen naar een zeer eenzaam oord met een onbegrensde horizon, onder een volstrekt wolkeloze hemel, met bomen en planten in een volmaakt stille lucht, geen dieren, geen mensen, geen bewegend water, de diepst mogelijke stilte. Zo'n omgeving nodigt als het ware uit tot ernst, tot contemplatie, waarbij elk willen wordt afgeworpen, met de bijbehorende poverheid: juist daardoor krijgt zo'n eenzame, in diepe rust gehulde omgeving al een zweem van verhevenheid. Want omdat ze de wil met zijn constante behoefte aan streven en vervulling geen enkel object aanbiedt, positief dan wel negatief, blijft alleen nog de toestand van zuivere contemplatie over.[11]

11. Idem, §39.

Net als op tal van andere vlakken is Nietzsches denken op esthetisch vlak eenvoudigweg het exacte tegendeel van dat van Schopenhauer. Hij gaat in zijn lachwekkendheid zelfs zover dat hij algemene betekenis toekent aan de beroemde zin van Stendhal, 'Schoonheid is een belofte van geluk', terwijl die toch overduidelijk op vrouwelijke schoonheid slaat en Stendhal om precies te zijn ook had kunnen schrijven: 'Erotiek is een belofte van geluk.'

Het gevoel van het verhevene ontstaat dus wanneer een voor de wil zonder meer ongunstig voorwerp tot object van zuivere contemplatie wordt, een toestand die we alleen kunnen volhouden door ons van de wil af te wenden en ons boven zijn belang te verheffen; juist dat maakt deze stemming verheven. Het pakkende, daarentegen, haalt de beschouwer omlaag uit de zuivere contemplatie die voor elke opvatting van het schone benodigd is: met voorwerpen die zijn wil onmiddellijk bevallen prikkelt het die wil onherroepelijk, met als gevolg dat de beschouwer ophoudt zuiver subject van het kennen te zijn en verandert in een behoeftig, afhankelijk subject van het willen. Dat men al het schone van het blijmoediger soort doorgaans pakkend noemt, komt door een bij gebrek aan juiste onderscheiding te ruim genomen begrip, dat ik geheel aan de kant moet schuiven en zelfs moet afkeuren. – Van het pakkende zoals ik dat heb omschreven en verklaard tref ik op het terrein van de kunst maar twee vormen aan, die haar allebei onwaardig zijn. Het ene – echt lage – zien we in de stillevens van de Nederlanders, wanneer ze zich laten verleiden tot het bedrieglijk realistisch afbeelden van etenswaren en daarmee onherroepelijk de eetlust opwekken, die nu juist een prikkeling van de wil is, waarmee aan elke esthetische contemplatie van het voorwerp een eind wordt gemaakt. Geschilderd fruit is nog toelaatbaar, omdat het zich als een verdere ontwikkeling van de bloem en door vorm en kleur als natuurschoon voordoet, zonder dat we als het ware worden gedwongen aan de eetbaarheid ervan te denken. Maar helaas stuiten we vaak op bedrieglijk natuurlijk opgediende en toebereide gerechten, oesters, haringen, kreeften, boterhammen, bier, wijn enzovoort, wat bijzonder verwerpelijk is. – Bij historiestukken en in de beeldhouwkunst vinden we het pakkende bij naaktfiguren, waarvan de houding, de half ontklede staat en de hele behandeling als doel hebben wellust bij de beschouwer op te wekken, waardoor de zuiver esthetische manier van beschouwen wordt opgeheven en het doel van de kunst dus wordt tegengewerkt. Dat euvel ligt precies in de lijn van wat we de Nederlanders zojuist hebben verweten. De kunst uit de oudheid is daar ondanks alle schoonheid en de totale naaktheid van de figuren bijna altijd vrij van, omdat de kunstenaar zelf ze met een zuiver objectieve, van ideale schoonheid vervulde geest heeft geschapen, en niet in een geest van subjectieve, ordinaire begeerte. – Het pakkende moet in de kunst dus overal worden vermeden.

Er bestaat ook nog zoiets als het negatief-pakkende, dat nog verwerpelijker dan het zojuist behandelde positief-pakkende is: namelijk het weerzinwekkende. Net als het pakkende prikkelt het de wil van de beschouwer en verstoort het de zuiver esthetische beschouwing. Maar wat daardoor wordt opgewekt is een heftig niet-willen, een zich verzetten; de wil wordt erdoor geprikkeld omdat hij voorwerpen krijgt voorgehouden die hij verafschuwt. Vandaar dat men van oudsher inziet dat het weerzinwekkende in de kunst volstrekt ontoelaatbaar is, terwijl zelfs het lelijke – zolang het maar niet weerzinwekkend is – op de juiste plaats kan worden getolereerd.[12]

Die onherroepelijke veroordeling van het weerzinwekkende brengt een lastig, maar onvermijdelijk probleem met zich mee. De tragedie doet namelijk heel vaak – en haast noodzakelijkerwijs – een beroep op gruwelijke misdaden, maar heeft toch ook vaak geaarzeld over de vraag of die op toneel mochten worden verbeeld, met meestal een ontkennend antwoord; alsof het gevoel van medelijden dat aan de tragische emotie ten

12. Idem, §40.

grondslag ligt, dreigde te worden verstoord door een al te hevige deelname van de zintuigen. En Schopenhauer mag dan groot gelijk hebben als hij stelt dat het opwekken van seksuele begeerte bij de toeschouwer (datgene wat we *erotiek* noemen) regelrecht ingaat tegen het doel van de kunst, feit blijft toch dat het menselijk naakt tot de meest klassieke kunstzinnige onderwerpen behoort en dat ook de verbeelding van de geslachtsdaad zelf (*pornografie*) tot het terrein van de kunst zou kunnen behoren als ze objectief kon zijn, dat wil zeggen de begeerte (en vooral ook de afkeer) buiten de deur kon houden. Het onderscheid is hier tegelijkertijd bijzonder concreet, eenvoudig te testen (niets is makkelijker waarneembaar dan een erectie) en heel lastig te conceptualiseren. Sommige gevallen zijn eenvoudig, Schopenhauer signaleert ze (een suggestieve half ontklede staat, een wulpse pose of expressie van het model); in andere gevallen ontstaat het even subtiele als onweerlegbare verschil door 'de hele behandeling'.

Omdat elk aanwezig ding enerzijds zuiver objectief en los van elke relatie kan worden beschouwd, en omdat verder anderzijds ook in elk ding de wil op een of ander niveau van zijn objectiteit verschijnt en het ding derhalve uitdrukking van een Idee is, is ook elk ding *mooi*.[13]

13. Idem, §41.

Na de kunst van de twintigste eeuw, de 'kijker die het schilderij maakt' en de readymades van Duchamp komt dat idee ons minder verrassend voor, maar in de tijd dat Schopenhauer het formuleerde was het zo radicaal nieuw dat zijn tijdgenoten het niet eens lijken te hebben opgemerkt. Nogmaals: voor Schopenhauer is schoonheid geen eigenschap die sommige objecten in de wereld bezitten en andere niet; de verschijning ervan kan dus niet door een technische vaardigheid worden bewerkstelligd, maar wordt noodzakelijkerwijs opgeroepen door elke vorm van belangeloze aanschouwing. Hetgeen hij nog abrupter verwoordt met de zin: 'Wanneer we een voorwerp *mooi* noemen, spreken we daarmee uit dat het een object van onze esthetische aanschouwing is.'[14] Niet minder duidelijk veroordeelt hij het gebruik van bespiegelingen en concepten in de kunst.

> Juist omdat de Idee aanschouwelijk is en blijft, is de kunstenaar zich niet in abstracto bewust van de bedoeling en bestemming van zijn werk. Wat hem voor ogen staat is geen begrip, maar een Idee; daarom kan hij zich ook niet verantwoorden voor wat hij doet: hij werkt, zoals men zegt, puur op zijn gevoel en onbewust, om niet te zeggen instinctmatig.[15]

14. Idem, §41.
15. Idem, §49.

De vredige, van elke bespiegeling en elke begeerte losgemaakte aanschouwing van alle objecten in de wereld: ziedaar Schopenhauers even eenvoudige als volstrekt originele esthetica, waarmee hij in wezen even ver verwijderd is van het classicisme als van de romantiek. Een dergelijke opvatting hoort niet echt thuis in de westerse cultuurgeschiedenis, en je kunt er een eerste teken in zien dat Schopenhauer in de buurt komt van het 'diepste denken', het denken waardoor Europa, zoals Nietzsche zei, 'door een nieuw boeddhisme bedreigd lijkt'.[16]

Die eenvoudige opmerking over het primaat van de intuïtie heeft bovendien interessante praktische consequenties. Aan de ene kant geeft ze de grenzen aan van het belang dat je kunt hechten aan *interviews* met kunstenaars: als deze over een rijke conceptuele verbeelding beschikken (en dat is vaak het geval) kunnen ze voor de lol wel een of andere interpretatie van hun werk bedenken, maar nooit zullen ze de exercitie helemaal serieus nemen. Aan de andere kant, en vooral, geeft ze ook het zeer nauwe kader aan waarbinnen het *kunstonderwijs* zich moet bewegen; individuele bestudering van de oude meesters is in wezen de

16. *Voorbij goed en kwaad*, §202. Elders, in *De genealogie van de moraal*, noemt Nietzsche die dreiging van een nieuw boeddhisme 'het griezeligste symptoom van onze griezelig geworden Europese cultuur' (1, 5). [*Vert.*]

enige oefening die nut heeft, en zelfs die is niet echt nodig. Als we Schopenhauer volgen, zou de best mogelijke hervorming van de kunstacademies gewoon het sluiten ervan zijn. Hetzelfde geldt in zijn ogen trouwens voor het filosofieonderwijs, en dat verband is veelbetekenend. Want Schopenhauer mag dan vaak argumenteren en daarbij door zijn uitzonderlijke intelligentie zo briljant te werk gaan als het onderwerp maar vereist, de kern van zijn filosofie, het ware grondbeginsel ervan, behoort niet tot het rijk van het concept; het schuilt daarentegen in een unieke intuïtie van wezenlijk kunstzinnige aard, die hij waarschijnlijk al ergens halverwege de jaren 1810 heeft gehad.

# 3

## Zo objectiveert het willen-leven zich

Wanneer we deze verschijnselen met een onder-zoekende blik bekijken, wanneer we de geweldige, onstuitbare drang zien waarmee de wateren zich in de diepte storten, de volharding waarmee de magneet zich steeds maar weer naar de noordpool richt, de hunkering waarmee het ijzer zich op die magneet werpt, de heftigheid waarmee elektrische polen naar hereniging streven, een heftigheid die, net als bij menselijke verlangens, door belemme-ringen alleen maar toeneemt; wanneer we zien hoe snel en plotseling het kristal ontstaat, met zoveel regelmatigheid in zijn bouw, die duidelijk niets anders is dan een vastberaden, nauwkeurig bepaald streven in verschillende richtingen, door verstarring gegrepen en vastgelegd; wanneer we de kieskeurigheid opmerken waarmee lichamen die door de vloeibare toestand in vrijheid wor-den gesteld en van de boeien van de vaste vorm worden ontdaan, elkaar opzoeken en ontvluchten, samenkomen en scheiden; wanneer we ten slotte heel direct voelen hoe een last door zijn streven naar de aardmassa ons lichaam belemmert en er onafgebroken op drukt en duwt, zijn enige streven volgend – dan zal het onze verbeelding geen grote inspanning kosten om zelfs van zo'n grote afstand ons eigen wezen te herkennen, hetzelfde dat bij het licht der kennis in ons zijn doelen najaagt, maar dat hier in zijn zwakste verschijningsvormen enkel blind, suf, eenzijdig en onveranderlijk streeft, terwijl het toch, omdat het overal één en hetzelfde is – zo goed als het eerste ochtendgloren met de stralen van de volle middag de naam zonlicht deelt –, net als daar ook hier de naam wil moet dragen, die datgene aanduidt wat het zijn op zichzelf van elk ding in de wereld en de enige kern van elke verschijning is.[17]

Deze passage is typisch voor Schopenhauers kunstzinnige benadering: hij wil ons een analogie laten voelen die door lange, diepe aanschouwing aan hem is geopenbaard. Het zou trouwens ook precies andersom kunnen gaan. Neem bijvoorbeeld de spontane, onschuldige, volstrekt instinctieve begeerte die ons naar een meisje met begeerlijke rondingen drijft; en kijk daarentegen eens hoe we als verlamd afstand houden van een dreigend gevaar, hoe bang we zijn bij het vooruitzicht van fysieke pijn: het is onmogelijk om daar niet de elementaire, eeuwig en onveranderlijk werkzame krachten van de natuur in te herken-

17. wwv, i, 2, §23.

nen, overgedragen door het verstand, toegankelijk en zegbaar gemaakt door de taal. Het gaat daarbij net zomin om een antropomorfisering van de wereld als om een mechanisering van de menselijke passies; het gaat om het herkennen van overeenkomsten ondanks de ogenschijnlijke verschillen en om het rechtvaardigen van de zeer gedurfde stap waarop het hele systeem berust: het gebruik van introspectie als metafysische onderzoeksmethode.

> Spinoza zegt (*epist. 62*) dat een steen die door een stoot de lucht in vliegt, uit eigen wil zou menen te vliegen als hij bewustzijn had.[18] Ik voeg daar alleen nog aan toe dat de steen gelijk zou hebben. De stoot is voor hem wat voor mij het motief is, en wat bij hem als cohesie, zwaarte en volharding in de aangenomen toestand verschijnt, is naar zijn diepste wezen hetzelfde als wat ik bij mezelf als wil herken, en wat hij ook als wil zou herkennen als hij over kenvermogen kwam te beschikken.[19]

'Elk ding streeft ernaar in zijn bestaan te volharden', zegt Spinoza elders.[20] Deze passage maakt

18. Brief aan Ehrenfried Walther von Tschirnhaus, geschreven in oktober 1774; in een andere gangbare nummering is dit brief 58. [*Vert.*]
19. wwv, I, 2, §24.
20. *Ethica*, boek 3, stelling 6. [*Vert.*]

bijzonder goed duidelijk hoe extreem algemeen de notie *wil* bij Schopenhauer is en hoe belangrijk het is om die niet te psychologiseren.

Was hij op de hoogte geweest van de metafysica van de wil die zijn Duitse tijdgenoot ontwikkelde, dan had Auguste Comte er ongetwijfeld een opmerkelijke terugkeer van het fetisjisme in gezien; van een radicaal fetisjisme zelfs, want zoals Comte optekent, Adam Smith citerend, 'in geen enkel land, bij geen enkel volk, vind je een god van de zwaarte'.[21] De vroege Comte zou een dergelijke gebeurtenis als een curieus tegenvoorbeeld van zijn analyse van de historische beweging hebben geduid; de Comte van de laatste jaren lijkt daarentegen meer en meer te worden aangelokt door het idee van een terugkeer naar het fetisjisme, dat als enige in staat kan worden geacht een gevoelsband teweeg te brengen. Dit gezegd zijnde: de 'Grote Fetisj' (om Comtes pittoreske aanduiding van de wereld over te nemen) brengt bij Schopenhauer allerminst zo'n band teweeg, verre van dat. Een religie kan heel goed standhouden op basis van louter afschrikking (zoals het geval is bij alle monotheïstische gods-

21. Mogelijk doelt Comte (*Cours de philosophie positive*, IV) op deze passage uit Smiths *History of Astronomy*: 'Vuur brandt en water verfrist, zware lichamen dalen en lichtere substanties stijgen op, door de noodzaak van hun eigen natuur; achter die verschijnselen heeft men nooit Jupiters onzichtbare hand vermoed.' [*Vert.*]

diensten). Dat doel had Comte allerminst, maar we moeten daarbij wel vermelden dat zijn laatste jaren worden gekenmerkt door intense, lichtelijk chaotische intellectuele activiteit en dat de religieuze synthese bij hem niet de tijd heeft gehad om te rijpen.

Inderdaad behoort afwezigheid van elk doel, van elke grens, tot het wezen van de wil op zichzelf, die een eindeloos streven is. Dit werd al in het voorgaande aangestipt, toen de centrifugale kracht ter sprake kwam; het manifesteert zich ook bijzonder eenvoudig op het allerlaagste niveau van objectiteit van de wil, namelijk in de zwaartekracht, waarvan het permanente streven tezamen met de duidelijke onmogelijkheid van een einddoel in het oog springt. Want ook al zou alle bestaande materie conform haar wil tot een klomp zijn samengeperst, dan nog zou binnen in die klomp de naar het middelpunt strevende zwaartekracht strijd leveren met de ondoordringbaarheid, in de vorm van stijfheid of elasticiteit. Het streven van de materie kan dan ook altijd alleen maar worden belemmerd, nooit ofte nimmer vervuld of bevredigd. Maar hetzelfde geldt voor al het streven van alle verschijningen van de wil. Elk bereikt doel is weer het begin van een nieuwe omloop, en zo tot in het oneindige. De plant vergroot haar verschijning van kiem via stengel en blad naar bloesem en vrucht, die op haar beurt weer het begin is van een nieuwe kiem, een nieuw individu, dat opnieuw de oude baan doorloopt, en zo tot in het oneindige. Idem dito voor de levensloop van het dier: het hoogtepunt daarvan is de voorplanting, en als dat eenmaal bereikt is, loopt het leven van het eerste individu snel of langzaam af, terwijl een nieuw individu het voortbestaan van de soort waarborgt en dezelfde verschijning herhaalt. Ja, ook de constante vernieuwing van de materie van elk organisme – waarin de fysiologen inmiddels iets anders beginnen te zien dan de noodzakelijke vervanging van de in de beweging verbruikte stof, omdat de mogelijke slijtage van de machine beslist niet opweegt tegen de gestage aanwas door voeding – moet gewoon als verschijning van die permanente drang en wisseling worden beschouwd: eeuwige wording, stroom zonder eind, hoort bij de openbaring van het wezen van de wil. Hetzelfde doet zich ten slotte ook voor in de menselijke strevingen en wensen, die ons altijd hun eigen vervulling voorspiegelen als het einddoel van het willen, maar er heel anders uitzien zodra ze vervuld zijn: ze raken gauw vergeten en verouderd en worden eigenlijk altijd – zij het niet openlijk – als verdwenen illusies aan de kant geschoven. Gelukkig maar als er nog wat te wensen en te streven overblijft, want dan kan het spel van de constante overgang van wens naar bevrediging en weer naar nieuwe wens (een spel dat in hoog tempo geluk heet, in laag tempo lijden) blijven doorgaan in plaats van vast te lopen in een afschuwelijke, levensverstarrende verveling, een dof smachten zonder duidelijk object, een dodelijke *languor*.[22]

Te vaak heeft men Schopenhauer met Baltasar Gracián of de Franse moralisten vergeleken – al heeft hij die vergelijking soms zelf in de hand gewerkt.[23] Veel van zijn beste passages doen in werkelijkheid eerder aan een commentaar op het Bijbelboek *Prediker* denken. 'Alle te verwoorden dingen gaan onvermoeibaar door.'[24] Het is niet alleen, en zelfs niet in hoofdzaak, de activiteit van de mens die voor Schopenhauer in het teken van vruchteloosheid staat: de natuur, de hele natuur, is een oneindig streven zonder rust of doel; 'ijler dan ijl, alles is ijlheid!' Het moge duidelijk zijn hoe ontoereikend de twintigste-eeuwse opvattingen van het absurde zouden hebben geleken voor

22. WWV, I, 2, §29.
23. Een van de hoofdwerken van de illusieloze Spaanse jezuïet Gracián (1601-1658), *Handorakel en kunst van de voorzichtigheid*, is door Schopenhauer in het Duits vertaald. [*Vert.*]
24. Prediker 1:8. Het citaat is ontleend aan de Naardense Bijbel, die als enige Nederlandse vertaling in de buurt komt van het Franse 'Toutes choses sont en travail au-delà de ce qu'on peut dire', waar Houellebecq zich op beroept. In alle andere Nederlandse vertalingen zijn de dingen niet 'aan het werk', maar 'vermoeiend'. [*Vert.*]

iemand die zelf de niet-aflatende arbeid van de zwaartekracht het meest veelzeggende voorbeeld van die absurditeit vond. De absurditeit van het menselijk lot wordt pas echt bijzonder choquerend wanneer je het menselijk bestaan bij voorbaat transcendente waarde toekent; wanneer je kortom een christelijk of desnoods politiek oogpunt inneemt; niets is het denken van de Duitse filosoof vreemder.

De wereld mag dan *als geheel* onaanvaardbaar zijn, dat betekent nog niet dat je geen specifieke minachting voor het leven mag voelen. Niet voor het 'menselijk leven'; voor het leven. Dierlijk leven is niet alleen absurd, het is ook gruwelijk. 'Wat is dat toch een vreselijke natuur, waarvan wij deel uitmaken!'[25] roept Schopenhauer naar het voorbeeld van Aristoteles uit. De passage die volgt, met zijn diepe, afgrondelijk diepe, overweldigende slotzin, glanzend in zijn troosteloze, gruwelijke pracht, is er zo een die kan zorgen voor een shock, een definitieve *bewustwording*, alsof de losse gevoelsindrukken van een heel leven in één klap in elkaar grijpen; het is moeilijk voorstelbaar dat iemand er op enig moment van de geschiedenis ook maar één woord aan zou kunnen toevoegen. Ik wil hem graag speciaal opdragen aan de milieubeweging:

---

25. wwv, II, 2, voetnoot bij §28. [*Vert.*]

Toch maakt het simpele, overzichtelijke leven van de dieren beter duidelijk hoe nietig en vruchteloos het streven van de gehele verschijning is. De diversiteit in organisatie, de vernuftigheid van de middelen waardoor elk dier is aangepast aan zijn milieu en zijn prooi, staat hier in schril contrast met de afwezigheid van elk duurzaam einddoel; in plaats daarvan zien we alleen kortstondig behagen, vluchtig, door gebrek bepaald genot, veel en langdurig lijden, onafgebroken strijd, *bellum omnium*, elk dier een jager en elk dier een prooi, gedrang, gebrek, nood en angst, gebrul en gejank; en dat gaat zo door *in saecula saeculorum*, of totdat de korst van de planeet weer eens openbarst. Junghuhn vertelt dat hij op Java eens een immense, met geraamten bezaaide vlakte zag, die hij in eerste instantie voor een slagveld hield – maar het waren alleen maar geraamten van grote, vijf voet lange en drie voet brede en hoge schildpadden, die vanuit zee die kant op komen om eieren te leggen en dan worden gegrepen door wilde honden (*Canis rutilans*). Die leggen ze met vereende krachten op de rug, rijten hun onderharnas, dat wil zeggen de kleine buikschilden open en eten ze levend op. Maar vaak worden de honden daarbij overvallen door een tijger. Die hele ellende wordt duizenden keren herhaald, jaar in, jaar uit. Daartoe worden deze schildpadden dus geboren. Wat hebben ze misdaan dat ze die kwelling moeten ondergaan?

Waartoe dient dat gruwelijk schouwspel? Daar is maar één antwoord op: zo objectiveert de *wil tot leven* zich.[26]

26. wwv, ii, 2, §28.

# 4

# Het schouwtoneel van de wereld

Van de indrukwekkendste metaforen in Schopenhauers werk (en om eerlijk te zijn in de hele wereldliteratuur) zijn er veel ontleend aan de toneelwereld. Op een podium is de wereld als voorstelling teruggebracht tot haar eenvoudigste uitdrukking; het decor, dat per definitie niet realistisch is, kan geen voorwerp van esthetische aanschouwing worden, het kan zonder merkbaar nadeel helemaal worden weggelaten en heeft als het er wel is geen andere functie dan reliëf te geven aan de ware inzet van het stuk: het conflict van de passies.

> Wat dit zich terugtrekken in de reflectie betreft, lijkt [de mens] op een toneelspeler die zijn scène heeft gespeeld en tot hij weer moet opkomen plaatsneemt in het publiek, vanwaar hij alles wat er gebeurt gelaten aanziet, al is het de voorbereiding op zijn eigen dood (in het stuk), waarna hij teruggaat om te doen en te lijden zoals hij moet.[27]

27. wwv, i, i, §16.

De vergelijking met toneel wordt vooral gemaakt met het oog op het kunstmatige, symbolische karakter ervan; en inderdaad hebben op het verstand gebaseerde zedelijke systemen iets kunstmatigs. Helemaal aan het eind van het eerste boek van *De wereld als wil en voorstelling* richt Schopenhauer zijn aandacht op degenen (de stoicijnen) die de zedenleer en de praktische levensbeginselen op het gebruik van het verstand willen baseren. Hij besluit zijn onderzoek met de volgende constatering:

> De innerlijke tegenspraak waarmee de stoïsche ethiek zelfs in haar grondgedachte behept is, blijkt verder uit het feit dat haar ideaal, de stoïsche wijze, ook in haar eigen beschrijving nooit tot leven komt of innerlijke poëtische waarheid krijgt, maar een houterige, stramme ledenpop blijft waarmee we niets kunnen aanvangen, die zelf ook niet weet wat hij met zijn wijsheid aan moet, en waarvan de volmaakte rust, tevredenheid en gelukzaligheid het wezen van de mens regelrecht tegenspreken en geen enkele aanschouwelijke voorstelling bij ons oproepen.[28]

De veroordeling is hier des te frappanter omdat Schopenhauer zelf, in zijn *Bespiegelingen over levenswijsheid*, zal uitkomen op wijsheidsadviezen

28. Idem.

die vrij dicht bij die van de stoïcijnen liggen. Maar dat boek, waarin het bestaan van een gelukkig leven als vooronderstelling wordt aangenomen, berust dan ook op een compromis, en om het te schrijven heeft Schopenhauer 'het hogere metafysisch-ethische standpunt, waar [z]ijn eigenlijke filosofie naartoe leidt, radicaal moeten opgeven'.[29] Het hierboven geciteerde fragment vormt een tweede, niet minder belangrijke inperking van de notie *levenswijsheid*. Ook het gebruikte argument is frappant: de doodssteek voor de stoïcijnse wijze, datgene wat zijn bestaan onwaarschijnlijk maakt, is *de afwezigheid van poëtische waarheid* van het personage; nooit eerder had een filosoof de poëzie zo serieus genomen.

Het is het subject van de wil, dat wil zeggen het eigen willen, dat het bewustzijn van de zingende[30] vult, vaak als een ontketend, bevredigd willen (vreugde), vaker nog als een gehinderd willen (verdriet), maar altijd als emotie, hartstocht, bewogen gemoedstoestand. Daarnaast en tegelijkertijd wordt de zingende zich door de aanblik van

29. BL, Inleiding. [*Vert.*]
30. In de Franse tekst verwijzen de kerntermen eerder naar de dichtkunst: 'zingende' (Duits: *der Singende*) wordt zowel 'lyrische auteur' (*auteur lyrique*) als 'dichter' (*poète*); 'lied' (Duits: *Lied*) wordt 'lyrisch gedicht' (*poème lyrique*). Houellebecq is geïnteresseerd in het lyrische als zodanig, ongeacht de concrete verschijningsvorm. [*Vert.*]

de hem omringende natuur van zichzelf bewust als subject van het zuivere, willoze kennen, waarvan de onverstoorbare, zalige rust nu in contrast komt te staan met de drang van het nog steeds belemmerde, nog steeds onbevredigde willen. Het is de ondervinding van dat contrast, van dat wisselspel, die eigenlijk in het geheel van het lied tot uitdrukking komt en die de lyrische toestand als zodanig uitmaakt. In die toestand komt als het ware het zuivere kennen op ons af om ons van het willen en zijn drang te verlossen. We gaan erin mee, maar alleen een paar ogenblikken lang: steeds opnieuw rukt het willen, de herinnering aan onze persoonlijke doelen, ons los uit de rustige contemplatie. Maar ook steeds opnieuw worden we bij het willen weggelokt door de volgende mooie omgeving waarin de zuivere, willoze kennis zich aan ons voordoet. Daarom lopen in het lied en de lyrische stemming het willen (het persoonlijke belang van de doelen) en het zuivere aanschouwen van de zich voordoende omgeving op wonderlijke wijze door elkaar. We zoeken en verzinnen verbanden tussen die twee; de subjectieve stemming, de aandoening van de wil, geeft aan de aanschouwde omgeving in de weerspiegeling haar kleur, en omgekeerd. Van heel deze zo gemengde en gedeelde gemoedstoestand is het echte lied de afdruk.[31]

31. WWV, I, 3, §51.

Ik zie maar één ding dat aan die lumineuze analyse kan worden toegevoegd: pas vrij kort geleden (midden in de negentiende eeuw in Parijs, en Baudelaire was de eerste die het merkte; in Duitsland zeker later) is stadspoëzie mogelijk geworden. Pas vrij kort geleden zijn de steden ver genoeg uitgedijd om de immense, anonieme omgeving te kunnen vormen – van een soms grandioze, soms wanhopig stemmende schoonheid – waar zich niets meer aan het bewustzijn van de dichter aandient dat verband houdt met zijn willen, een omgeving die hem even vreemd is als de wildste natuur. Alleen moet de kalmering door middel van het aanschouwen van het stadslandschap nog zwaarder en te midden van nog heviger pijnen worden bevochten.

Het uitbeelden van een groot ongeluk is het enige wezenlijke kenmerk van de tragedie, maar de vele verschillende manieren waarop de dichter dat ongeluk laat plaatsvinden, kunnen in drie categorieën worden ondergebracht. Het kan ten eerste gebeuren door de buitensporige, haast onmogelijke boosaardigheid van een karakter, dat dan de aanstichter van het ongeluk wordt. Voorbeelden hiervan zijn Richard iii, Iago in *Othello*, Shylock in *The Merchant of Venice*, Franz Moor in Schillers *Die Räuber*, de Phaedra van Euripides, Creon in *Antigone* enzovoort. Ten tweede kan het gebeuren door het noodlot, dat wil zeggen door toeval of een vergissing. *Koning Oedipus* van Sophocles is hiervan een schoolvoorbeeld, en ook diens *Trachiniae*; globaal genomen vallen de meeste klassieke tragedies in deze categorie. Moderne voorbeelden zijn Shakespeares *Romeo and Juliet*, Voltaires *Tancrède* en Schillers *Die Braut von Messina*. Ten slotte kan het ongeluk ook eenvoudigweg worden veroorzaakt door de manier waarop de personages tegenover elkaar staan, door hun onderlinge verhoudingen – zodat er geen enorme vergissing of ongehoord toeval nodig is, en ook geen karakter dat in zijn boosaardigheid de grenzen van de menselijkheid raakt: karakters die in moreel opzicht heel normaal zijn, staan in regelmatig voorkomende omstandigheden op zo'n manier tegenover elkaar dat hun situatie hen dwingt om elkaar willens en wetens het grootste onheil te berokkenen, zonder dat het onrecht daarbij maar van één kant komt. Die laatste soort lijkt me veruit te verkiezen boven de twee andere, want ze toont ons het grootste ongeluk niet als uitzondering, niet als iets wat door zeldzame omstandigheden of monsterlijke karakters wordt veroorzaakt, maar als iets wat makkelijk en vanzelf, haast noodzakelijkerwijs uit het doen en laten en het karakter van mensen voortvloeit; juist daardoor komt het angstwekkend dicht bij ons in de buurt.[32]

32. Idem.

Schopenhauer geeft iets verderop aan dat deze methode, die hem de mooiste lijkt, ook de moeilijkste is, en het kost hem moeite om een overtuigend voorbeeld te geven. Curieus genoeg is er sindsdien weinig veranderd. Ook al geloven we niet meer in goden die triktrak spelen met ons leven, we geloven toch nog altijd in het Noodlot; voor de fantastische literatuur, die sinds Schopenhauers tijd een hoge vlucht heeft genomen, is dat zelfs een wezenlijk element. Wat betreft het soort personage 'dat in zijn boosaardigheid de grenzen van de menselijkheid raakt', daarvan zijn talloze, ook moderne voorbeelden te geven. De tragedie van de banaliteit, voortgebracht door alledaagse omstandigheden en daardoor nog onontkoombaarder gemaakt, moet nog worden geschreven.

# 5

# Het praktische leven: wat we zijn

Naast haar verheven missie om een alomvattende voorstelling van de wereld te geven die ver-
enigbaar is met de stand van de wetenschappen,
toegankelijk voor de intuïtie en bevredigend voor
het verstand, heeft de filosofie traditioneel nog
een andere functie: kwistig te strooien met adviezen die toepasbaar zijn in het leven van alledag,
'wijsheid' in praktische zin te helpen te bereiken.
In Schopenhauers geval is het vervelende dat de
eerste functie de tweede onmogelijk maakt, want
zijn filosofie leidt tot eenvoudige conclusies: de
wereld is iets onaangenaams, iets wat er beter
niet zou kunnen zijn; binnen de wereld vormt het
domein van het levende een zone van verhevigd
lijden; en het menselijk leven, de meest volmaakte vorm ervan, is ook het rijkst aan pijn en verdriet. Een dergelijke filosofie is buitengewoon
troostrijk; ze helpt immers de begeerte, die zo'n
vruchtbare bron van menselijke ellende is, in de
kiem te smoren; elk genot, hoe heerlijk het ook
mag lijken, is immers maar relatief, verkregen
te midden van grote zorgen en voorbestemd tot

een snel einde. Ze helpt bovendien de dood te aanvaarden, door het niet-zijn vooral te presenteren als het ophouden van pijn en verdriet. Ze heeft daarentegen bijzonder weinig praktische consequenties: als het leven echt pijn en verdriet is, lijkt het maar het beste om rustig in je hoekje te blijven wachten op de ouderdom en de dood, waarmee de zaak dan is afgedaan. Van dat alles is hij zich zeer sterk bewust op het moment dat hij de *Bespiegelingen over levenswijsheid* begint te schrijven.

Ik gebruik het begrip levenswijsheid hier geheel en al in zijn immanente betekenis van 'de kunst om het leven zo aangenaam en gelukkig mogelijk te laten verlopen', waarvan de leidraad ook eude-monologie genoemd zou kunnen worden; levenswijsheid zou dan de handleiding tot een gelukkig bestaan zijn. Dat laatste zou op zijn beurt kunnen worden gedefinieerd als een bestaan dat zuiver objectief bezien – of veeleer (omdat het hier om een subjectief oordeel gaat) na koele, rijpe overweging – boven het niet-bestaan te verkiezen zou zijn. Uit die opvatting volgt dat we aan het bestaan gehecht zouden zijn omwille van dat bestaan zelf, niet alleen uit angst voor de dood; waaruit weer volgt dat we het eindeloos zouden willen zien voortduren. Of het menselijk leven inderdaad met een dergelijke opvatting van het bestaan in overeenstemming is, of ook maar zou kunnen zijn, is een vraag waarop mijn filosofie zoals bekend een ontkennend antwoord geeft, terwijl de eudemonologie een bevestigend antwoord veronderstelt. Zij berust namelijk juist op de aangeboren misvatting waarvan de weerlegging hoofdstuk 49 van het tweede deel van mijn hoofdwerk opent. Om desondanks een dergelijke eudemonologie te kunnen ontwikkelen heb ik het hogere metafysisch-ethische standpunt waar mijn eigenlijke filosofie naartoe leidt, geheel en al moeten opgeven. Bijgevolg berust de hele uiteenzetting die ik hier wil geven in zekere zin op een compromis, omdat ze namelijk op het gewone, empirische standpunt blijft staan en aan de misvatting ervan vasthoudt. De waarde ervan kan dan ook niet anders dan relatief zijn, omdat zelfs het woord eudemonologie niet meer dan een eufemisme is.[33]

Waarom heeft hij zich dan aan een dergelijke onderneming gewaagd? Dat valt moeilijk te zeggen, maar feit is dat we dat boek erg zouden missen als het niet bestond, want het is ongetwijfeld het briljantste, toegankelijkste en grappigste dat hij heeft geschreven. Na zichzelf meteen op de eerste bladzijde te hebben ontslagen van de plicht om consequent te zijn onthaalt Schopenhauer ons hier inderdaad op een lange reeks diepe, zinnige, op ongelofelijk losse toon geformuleerde

33. BL, Inleiding.

inzichten over wat we precies van een menselijk bestaan kunnen verwachten. Hij mag er dan nog steeds van overtuigd zijn dat we ons het best volledig van de begeerte zouden kunnen bevrijden, met als gevolg een rimpelloos leven in afwachting van de dood, hij weet ook dat de taak niet eenvoudig is en stelt in plaats van een abrupte stillegging een reeks doordachte afzwakkingen voor. Het is nog altijd de radicale boodschap van het boeddhisme, maar het boeddhisme in kwestie is al met al gematigd, op menselijke maat gesneden en aangepast aan onze cultuur, ons ongeduldige, gretige temperament en onze geringe vermogens tot ontzegging. Vandaar dus de montere, ongedwongen toon van dit boek, waar je maar moeilijk losse fragmenten uit kunt citeren, omdat alles helder en bruisend uit elkaar voortvloeit – je voelt dat de schrijver, die voor de gelegenheid de steile toppen van de metafysica in de steek heeft gelaten, zich kostelijk vermaakt met het basale, niet erg serieuze onderwerp van het menselijk leven. Het is ook een boek dat over het algemeen geen enkele behoefte tot het plaatsen van kanttekeningen oproept, zo waarachtig is het nog altijd. De metafysica is veranderd omdat de fysica zelf is veranderd; maar het menselijk leven wordt nog altijd min of meer volgens dezelfde regels gespeeld, en je kunt er een trieste bevestiging in zien van de zinnen waarmee Schopenhauer zijn inleiding besluit:

In het algemeen hebben de wijzen aller tijden altijd hetzelfde beweerd en hebben de dwazen, dat wil zeggen de overgrote meerderheid aller tijden, altijd hetzelfde gedaan, namelijk het tegendeel. En zo zal het ook altijd blijven. Daarom zegt Voltaire: 'Wij zullen deze wereld even dom en boosaardig achterlaten als we haar hebben aangetroffen.'[34]

Omdat namelijk alles wat voor de mens bestaat en zich voltrekt in directe zin altijd alleen in zijn bewustzijn bestaat en zich daarvoor voltrekt, is het wezenlijke in de eerste plaats natuurlijk de aard van dat bewustzijn, en op die aard komt het in de meeste gevallen meer aan dan op de vormen die erin verschijnen. Weerspiegeld in het doffe bewustzijn van een sukkel zijn alle pracht en genietingen zeer arm in vergelijking met het bewustzijn van Cervantes toen die in een ongeriefelijke gevangenis zijn *Don Quichot* schreef.

De objectieve helft van het hier en nu en van de werkelijkheid ligt in handen van het lot en is dus veranderlijk; de subjectieve helft zijn wijzelf, daarom is die in de grond van de zaak onveranderlijk. Vandaar dat het leven van ieder mens ondanks alle externe afwisseling doorgaans hetzelfde karakter vertoont en te vergelijken is met een reeks variaties op een thema. Niemand kan uit zijn eigen individualiteit wegkomen. En zoals het dier onder

34. Idem.

alle omstandigheden waarin men het plaatst, begrensd blijft door de nauwe cirkel die de natuur onherroepelijk om zijn wezen heeft getrokken (wat bijvoorbeeld ook verklaart waarom onze inspanningen om een dier waarvan we houden gelukkig te maken, juist door die grenzen van zijn wezen en zijn bewustzijn altijd binnen nauwe perken moeten blijven), zo is het ook met de mens: door zijn individualiteit is de maat van het geluk dat hij kan kennen van tevoren bepaald. Vooral zijn gevoeligheid voor verheven genot is door de grenzen van zijn geestvermogens eens en voor al vastgelegd. Zijn die grenzen nauw, dan zullen alle inspanningen van buitenaf, alles wat mensen, alles wat het geluk voor hem doet, hem niet boven de maat van het gewone, half dierlijke mensengeluk en behagen uit tillen: hij blijft dan aangewezen op zingenot, knus en onbekommerd gezinsleven, eenvoudige gezelligheid en vulgair tijdverdrijf. Zelfs culturele vorming kan die kring over het geheel genomen niet echt helpen vergroten, zij het wel een beetje. Want de hoogste, meest gevarieerde en langdurigste genietingen die er zijn, zijn geestelijke, hoe anders we daar in onze jeugd ook over mogen denken. Die genietingen hangen echter grotendeels van de kracht van de geest af. Hieruit blijkt dus hoezeer ons geluk afhangt van wat we zijn, van onze individualiteit, terwijl we meestal alleen maar rekening houden met ons lot, met wat we hebben of wat we voorstellen. Maar het lot kan zich ten goede keren, en iemand die innerlijk rijk is zal er niet veel van verlangen. Een sukkel blijft daarentegen een sukkel, een boerenkinkel een boerenkinkel, tot het einde toe, ook al zou hij omringd door hoeri's in het paradijs leven.[35]

Dat laatste beeld kan verbazing wekken, net als het algemene gebruik van het woord 'genietingen' (*Genüsse*). Dat een idioot niet snel gegrepen zal worden door de schoonheid van een symfonie of een subtiele redenering, behoeft weinig betoog; meer verbazing wekt het bij, laten we zeggen, een blowjob; terwijl de ervaring dat toch bevestigt. De rijkdom van het genot, en zelfs van seksueel genot, schuilt in het intellect en is recht evenredig met het zelfstandig vermogen daarvan; hetzelfde geldt helaas voor pijn en verdriet.

Niet zonder droefheid lezen we hier over de eenvoudige genoegens van de gewone man ('knus en onbekommerd gezinsleven, eenvoudige gezelligheid'), zozeer ervaren we die in onze moderne samenleving als een *verloren paradijs*; zelfs het zinnelijk genot komt steeds verder onder druk te staan. En al die bronnen van geluk nemen zeker niet af ten gunste van 'de hoogste genietingen die er zijn, de geestelijke', maar eerder ten gunste van een streven dat Schopenhauer als

35. BL, I.

een valkuil beschouwt: het verwerven van geld en roem (wat je hebt, wat je voorstelt). Op die twee aspecten zullen we later terugkomen, maar deze ene constatering is al voldoende om de moderne samenleving te verwerpen.

Dat voor ons geluk en ons genot het subjectieve veel wezenlijker is dan het objectieve, wordt door alles bevestigd, van het feit dat honger de beste kok is en dat de afgodin van de jongeling de grijsaard koud laat, tot en met het leven van het genie en de heilige. De gezondheid, vooral, heeft zoveel meer gewicht dan alle materiële goederen, dat een gezonde bedelaar echt gelukkiger is dan een zieke koning. Een rustig en opgeruimd temperament, zoals dat voortvloeit uit een volmaakte gezondheid en een gelukkig gestel, een helder, levendig, doordringend en goed bevattend verstand, een gematigde, zachtaardige wil en dus een goed geweten, dat zijn voordelen die door rang noch rijkdom kunnen worden vervangen. Want wat iemand voor zichzelf is, wat hem in zijn eenzaamheid vergezelt en wat niemand hem kan geven of afnemen, is uiteraard belangrijker voor hem dan alles wat hij zou kunnen bezitten of in andermans ogen zou kunnen zijn. Iemand met een rijke geest heeft in volstrekte eenzaamheid aan zijn eigen gedachten en fantasieën een voortreffelijke afleiding, terwijl de voortdurende afwisseling van feestjes, toneelvoorstellingen, uitstapjes en ander amusement een stompe geest niet van martelende verveling kan vrijwaren. Een goed, gematigd, zachtaardig karakter kan onder gebrekkige omstandigheden tevreden zijn, terwijl een begerig, afgunstig en boosaardig karakter het ondanks alle rijkdom niet is.[36]

Alleen met de laatste en wildste soort moed, schrijft Chesterton in *Heretics*, kun je vanaf een toren ten overstaan van tienduizend mensen verkondigen dat twee maal twee vier is. Hijzelf had niet altijd die moed en gaf vaak, wat maar al te natuurlijk is, de voorkeur aan het uitwerken van ingenieuze, vernieuwende of briljante inzichten. Schopenhauer daarentegen, die voor de eeuwigheid schreef (zonder rekening te houden met de vooroordelen van zijn tijd, die hij niet bevestigde en niet bestreed) en zelfs schreef alsof alleen dit ene boek zou overblijven, dat om die reden de som van alle menselijke wijsheid moest bevatten, kon de kracht opbrengen om banaliteiten en vanzelfsprekendheden op te dissen wanneer hij die juist achtte. Hij plaatste waarheid systematisch boven originaliteit; voor iemand van zijn niveau was dat ongetwijfeld verre van eenvoudig.

Wat ons van dat alles het meest direct gelukkig maakt, is een opgewekt gemoed, want die goede eigenschap beloont zichzelf ogenblikkelijk. Wie

36. Idem.

vrolijk is, heeft alle reden om het te zijn, namelijk juist omdat hij het is. Niets kan beter dan die
eigenschap elk ander goed volledig vervangen,
terwijl ze zelf onvervangbaar is. Is iemand jong,
mooi, rijk en geacht en wil je zijn geluk inschatten,
dan vraag je je meteen af of hij daarnaast ook opgewekt is; is hij daarentegen opgewekt, dan is het
om het even of hij jong of oud, recht of gebocheld,
arm of rijk is: hij is gelukkig. Als klein kind sloeg ik
een keer een oud boek op, en daar stond: 'Wie veel
lacht is gelukkig en wie veel huilt is ongelukkig'
– een bijzonder onnozele opmerking, die ik echter vanwege haar eenvoudige waarheid nooit heb
kunnen vergeten, hoezeer het ook de overtreffen-
de trap van een truïsme is. Daarom moeten we de
deur wijd openzetten voor opgewektheid zodra ze
zich aandient.[37]

In Schopenhauers even sombere als lucide filosofie is weinig plaats voor onschuldige opgewektheid. Toch constateert hij soms vol verbazing dat
ze bestaan, die korte momenten van onvoorzien
geluk, die kleine wondertjes.

Verreweg de meeste pracht en praal is net als een
toneeldecor louter schijn, en het wezen van de
zaak ontbreekt. Bewimpelde en bekranste sche-
pen, kanonschoten, feestverlichting, tromgeroffel

37. BL, 2.

en trompetgeschal, gejuich en geschreeuw enzovoort, het is allemaal het uithangbord, de aanduiding, de hiëroglief van de vreugde, zonder dat de vreugde zelf van de partij is: zij is de enige die verstek heeft laten gaan. Waar ze werkelijk verschijnt, komt ze in de regel ongenood en onaangediend, vanzelf en *sans façon*, ja, stilletjes aangeslopen, vaak bij de meest onbeduidende, futielste aanleidingen, onder de meest alledaagse omstandigheden, ja, nergens minder dan bij schitterende of roemrijke gelegenheden.[38]

Een algemene overblik maakt ons duidelijk dat de twee vijanden van het menselijk geluk pijn en verveling zijn. Daarbij valt nog op te merken dat we dichter in de buurt komen van het een, naarmate we ons verder van het ander weten te verwijderen, en omgekeerd; zodat ons leven feitelijk een sterkere of zwakkere oscillatie tussen beide vormt. Dat komt doordat die twee polen in een dubbel antagonisme tegenover elkaar staan: een uiterlijk of objectief en een innerlijk of subjectief antagonisme. Uiterlijk brengen gebrek en ontbering namelijk pijn voort, zekerheid en overvloed daarentegen verveling. Vandaar dat we de lagere volksklasse in een voortdurend gevecht verwikkeld zien tegen gebrek, dus pijn; de rijke en voorname klasse daarentegen in een aanhoudend, vaak echt ver-

38. BL, 5.

twijfeld gevecht tegen verveling.[39] Het innerlijke of subjectieve antagonisme tussen de twee berust op het feit dat bij de individuele mens de ontvankelijkheid voor het een omgekeerd evenredig is aan die voor het ander, afhankelijk van het niveau van zijn geestvermogens. Want stompheid van geest gaat doorgaans gepaard met stompheid van gevoel en gebrek aan ontvankelijkheid, waardoor mensen minder gevoelig zijn voor alle mogelijke soorten pijn en verdriet. Maar uit dezelfde stompheid van geest komt anderzijds ook de *innerlijke leegte* voort die zo duidelijk op talloze gezichten te lezen staat, en die zich verraadt door de constant gespannen aandacht voor ook maar de kleinste gebeurtenissen in de buitenwereld. Die innerlijke leegte is de ware bron van de verveling, ze smacht voortdurend naar uiterlijke prikkels om geest en gemoed door om het even wat in beweging te brengen.[40]

Want doordat alle uiterlijke bronnen van geluk vanuit de aard van de zaak hoogst onzeker, riskant, vergankelijk en aan het toeval onderworpen zijn, kunnen ze zelfs onder de gunstigste omstandigheden gemakkelijk haperen. Dat is zelfs onvermij-

39. Het nomadenleven, dat de laagste trede van de beschaving kenmerkt, verschijnt in het algemeen geworden toeristenleven opnieuw. Het eerste wordt uit gebrek, het tweede uit verveling geboren. [De noot is van Arthur Schopenhauer, niet van Michel Houellebecq. *Vert.*]
40. BL, 2.

delijk, omdat we ze nu eenmaal niet altijd bij de hand kunnen hebben. Als we ouder worden raken ze onherroepelijk bijna allemaal uitgeput: liefde, grapjes, reis- en rijlust, geschiktheid voor het gezelschapsleven, ze laten ons allemaal in de steek. Zelfs onze vrienden en familie neemt de dood ons af. Dan komt het er meer dan ooit op aan wat iemand van zichzelf heeft, want dat zal het langst standhouden. Maar ook in elke andere levensfase is en blijft het de enige ware, duurzame bron van geluk. Er valt in de wereld immers niet veel te halen: die is van gebrek en pijn vervuld, en op diegenen die daaraan ontsnapt zijn loert uit alle hoeken en gaten de verveling. Bovendien is slechtheid er in de regel de baas en heeft dwaasheid er het hoogste woord. Het lot is wreed en de mensen zijn erbarmelijk. In zo'n wereld lijkt iemand die van zichzelf veel heeft op een lichte, warme, vrolijke kerstkamer midden in de sneeuw en het ijs van een decembernacht. Daarom is het bezit van een voortreffelijke, rijke individualiteit en vooral ook van een overvloedige geest ongetwijfeld het gelukkigste lot op aarde, hoe weinig glansrijk het ook mag zijn.[41]

De keerzijde van dit alles is wel dat grote geestvermogens door de overheersende zenuwactiviteit een extreme gevoeligheid voor alle mogelijke

41. Idem.

vormen van pijn met zich meebrengen; dat verder het hartstochtelijke temperament dat eraan ten grondslag ligt en de grotere levendigheid en volmaaktheid van voorstelling die er onlosmakelijk mee verbonden zijn, de erdoor opgewekte emoties veel heftiger maakt, terwijl er toch al meer pijnlijke dan aangename emoties zijn; en ten slotte ook dat grote geestesgaven de bezitter ervan vervreemden van de andere mensen en hun drukke bezigheden, want hoe meer hij van zichzelf heeft, hoe minder hij bij hen kan vinden. Honderd dingen waarvan zij grote voldoening hebben, zijn voor hem flauw en ongenietbaar; met als gevolg dat de wet der compensatie, die zich overal doet gelden, ook hier misschien van kracht blijft. Heeft men niet al vaak genoeg, en niet zonder schijn van gelijk, beweerd dat de geestelijk minst bedeelde mens in wezen de gelukkigste is? Al hoeft niemand hem dat geluk te benijden.[42]

Is dat wel zo zeker?

42. Idem.

# 6

## Het praktische leven: wat we hebben

De vraag of grote intellectuele vermogens het menselijk geluk al dan niet bevorderen kan heel theoretisch lijken, omdat we er hoe dan ook niets aan kunnen veranderen (niet om ze te vergroten en zelfs niet om ze te verkleinen; er bestaat geen beproefde methode om jezelf dommer te maken). Datzelfde kan niet van rijkdom worden gezegd: die kunnen we wel vergroten, of in elk geval een poging daartoe wagen, en ook heel eenvoudig verkleinen. Wat dat punt betreft mogen we tevreden constateren dat Schopenhauer heel heldere adviezen geeft.

Ik meen geenszins iets te doen wat mijn pen onwaardig is als ik hier de zorg voor het behoud van het verworven en geërfde vermogen aanbeveel. Want van huis uit zoveel bezitten dat je in ware onafhankelijkheid, dat wil zeggen zonder te werken, al is het alleen maar voor jezelf en zonder gezin, gerieflijk kunt leven, is een onschatbaar voordeel: het betekent vrijstelling van en immuniteit voor de behoeftigheid en plagen die het menselijk leven aankleven, en dus emancipatie van de algemene slavendienst die het natuurlijk lot van de aardeling is. Alleen onder dat gelukkige gesternte leef je als een ware vrijgeborene, want alleen zo ben je werkelijk *sui iuris*, heer en meester over je tijd en je krachten, en mag je elke morgen zeggen: 'De dag is van mij.' Om diezelfde reden is het verschil tussen iemand die duizend en iemand die tienduizend daalders rente heeft, oneindig veel kleiner dan tussen die eerste en iemand die niets heeft. Zijn hoogste waarde verkrijgt het geërfde vermogen echter, wanneer het iemand ten deel valt die met zijn superieure geestvermogens doeleinden nastreeft die met winst maken niet goed samengaan. Zo iemand is door het lot dubbel bedeeld, hij kan voor zijn genie leven: zijn schuld aan de mensheid zal hij in honderdvoud aflossen, doordat hij presteert wat geen ander zou kunnen en iets voortbrengt wat haar als geheel ten goede komt en misschien zelfs tot eer strekt. Een ander zal zich in zo'n bevoorrechte positie weer door filantropische inspanningen voor de mensheid verdienstelijk maken. Wie daarentegen niets van dat alles presteert, al is het maar in geringe mate of bij wijze van probersel, en niet eens door grondige studie van een of andere wetenschap de mogelijkheid voor zichzelf creëert om die wetenschap vooruit te helpen, zo iemand is met zijn geërfd vermogen niets meer dan een verachtelijke dagdief.[43]

43. BL, 3.

# Beknopte bibliografie

Martin de Haan, *Aan de rand van de wereld: Michel Houellebecq*. De Arbeiderspers, Amsterdam 2015

Michel Houellebecq, *In Schopenhauers Gegenwart*, vert. Stephan Kleiner. Dumont, Keulen 2017.

Frédéric Lenoir, *La rencontre du bouddhisme et de l'Occident*. Fayard, Parijs 1999.

Michel Onfray, *Miroir du nihilisme. Houellebecq éducateur*. Galilée, Parijs 2017.

Arthur Schopenhauer, *Aphorismen zur Lebensweisheit*. Fischer Klassik, Frankfurt am Main 2011.

Arthur Schopenhauer, *Die Welt als Wille und Vorstellung*, ed. Ludger Lütkehaus. Deutscher Taschenbuch Verlag, München 2002.

Arthur Schopenhauer, *De wereld als wil en voorstelling*, vert. Hans Driessen. Wereldbibliotheek, Amsterdam 1997.

Arthur Schopenhauer, *Parerga en paralipomena. Kleine filosofische geschriften*, vert. Hans Driessen. Wereldbibliotheek, Amsterdam 2002.